南京农业大学经济管理学院论丛

— 博士论文卷 —

农村劳动力外出务工对我国粮食生产的影响研究

Research on the Impact of Rural Labor Migration on China's Grain Production

陆五一◎著

经济管理出版社
ECONOMY & MANAGEMENT PUBLISHING HOUSE

图书在版编目（CIP）数据

农村劳动力外出务工对我国粮食生产的影响研究/陆五一著．—北京：经济管理出版社，2017.12

ISBN 978－7－5096－5591－7

Ⅰ.①农…　Ⅱ.①陆…　Ⅲ.①农村劳动力—劳动力转移—影响—粮食—生产—研究—中国　Ⅳ.①F326.11

中国版本图书馆 CIP 数据核字(2017)第 323915 号

组稿编辑：曹　靖
责任编辑：杨国强　张瑞军
责任印制：黄章平
责任校对：董杉珊

出版发行：经济管理出版社
（北京市海淀区北蜂窝 8 号中雅大厦 A 座 11 层　100038）
网　　址：www. E－mp. com. cn
电　　话：（010）51915602
印　　刷：三河市延风印装有限公司
经　　销：新华书店
开　　本：720mm×1000mm/16
印　　张：11
字　　数：167 千字
版　　次：2018 年 6 月第 1 版　　2018 年 6 月第 1 次印刷
书　　号：ISBN 978－7－5096－5591－7
定　　价：68.00 元

编委会名单

总　序

南京农业大学是教育部直属的“211 工程”重点建设大学，经济管理学院的前身是金陵大学和中央大学农业经济系，历史悠久，源远流长。金陵大学农业经济系自 1920 年起招收农业经济学本科生，自 1936 年起招收农业经济学研究生。当时的系主任卜凯（John Lossing Buck）教授领导全系师生从事的中国农村土地利用制度和经济社会发展状况的系统调查和建立在调查基础上的分析、研究，是利用现代经济学理论研究中国农村问题的划时代成果，至今在国际学术界仍具有重大影响。

注重调查实证的传统在南京农业大学经济管理学院得到了发扬光大。经过数代人的努力，本院农业经济管理学科在全国同类学科中处于领先地位，继 1989 年首批被评为国家重点学科之后，2001 年、2006 年再次被评为国家重点学科。经济学、管理学等学科也得到很快发展，目前拥有农林经济管理及应用经济学两个一级学科博士点。作为全国最早获准招收硕士及博士研究生的单位，在研究生培养方面注重质量，取得了突出的成绩。在迄今为止的全国百篇优秀博士论文评选中，南京农业大学经济管理学院有三篇博士论文先后入选全国优秀博士论文。为了更好地传播科研成果，南京农业大学经济管理学院自2001年起资助编辑和出版一系列学术著作，《南京农业大学经济管理学院论丛——博士论文卷》就是其中的一种。我们希望通过这种方式鼓励研究生做出更多、更优秀的成果，也希望通过这种方式加强与学术界同行的交流，促进经济管理类学科的发展。

钟甫宁

南京农业大学经济管理学院

目　录

第1章　导言

1.1　问题的提出与研究意义

对于我国广大的农村地区而言，人口变化的一种主要形式即为农村适龄劳动力通过城镇化和劳动力流动的方式转移到城镇地区和非农产业中。改革开放以来，数以亿计的农村劳动力向城市和非农部门转移的现象引起了社会各界人士的持续关注。数据显示，近年来这种农村到城市之间的人口单向流动的趋势依然在延续，外出务工的农民工总数依然持续增加，从2008年的1.40亿人增加到2014年的1.68亿人①。另外，由于户籍制度、劳动力市场和社会保障制度的不完善，目前我国农村劳动力的转移模式主要以家庭部分成员的个体迁移为主。正是这种家庭优质劳动力的选择性转移，再加上中国特殊的人口政策，使得中国农村人口的动态变化表现出独特的路径，农村人口的“老龄化”、“女性化”的现象十分严重（Zhong and Xiang，2012；孟令国和刘薇薇，2013；邹湘红和吴丹，2013）。郭熙保和赵光南等（2010）的研究表明，基于鄂、湘、豫三省七县的农户微观调查数据显示，务农劳动力中年龄在50岁、60岁以上的分别占到46.3%和16.3%，女性劳动力则达到了64.1%。随着大量青壮年劳动力离开农村或脱离

① 资料来源：《2009年全国农民工监测调查报告》和《2014年全国农民工监测调查报告》，http：//www.stats.gov.cn/tjsj/，国家统计局。

农业生产，尤其是很大一部分劳动力外出务工，无法经常回家兼顾农业生产，农业和农村的可持续发展、农业生产尤其是粮食生产是否受到冲击、受到多大的冲击必然成为一个重要议题。很多学者就劳动力转移及其带来的农村人口老龄化、女性化现象对粮食安全的影响表示担忧（李旻和赵连阁，2009；陈锡文等，2011）。然而，从近十年的数据来看，随着劳动力的不断转移，粮食生产的态势并没有随着劳动力转移而恶化，相反，无论是粮食总产量、粮食总播种面积都在持续上升，三种主要粮食作物的总播种面积从2004年的75451千公顷上升到2014年的91502千公顷，三种主要粮食作物播种面积占农作物总播种面积的比例也从2004年的49.14%上升到2014年的55.31%；三种主要粮食作物的总产量从2004年的40132.7万吨上升到2014年的54827万吨（见图1-1）。在这样的背景下，以劳动力外出务工所表征的农村人口变化是否恶化了我国的粮食生产？

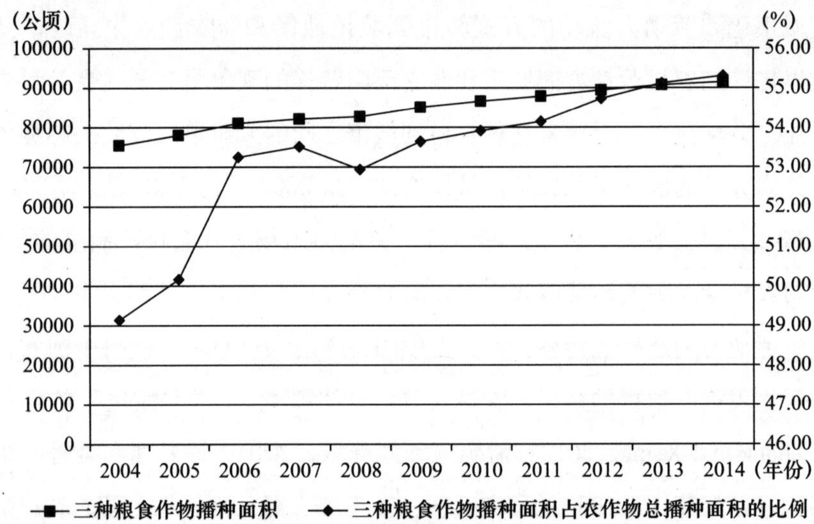

图1-1　三种主要粮食作物播种面积及其占总播种面积比例的变化

资料来源：笔者根据历年《中国统计年鉴》整理。

由于中国特殊的国情，粮食安全无论是过去、现在还是未来都是政府所重点关注的政策目标。在农村人口外流趋势持续、农村劳动力老龄化、女性化程度不断加深的背景下，有必要高度关注粮食安全所受到的影响，因此有必要就农村劳动力外出务工对粮食生产的影响机制进行系统性梳理和深度探究。

本研究试图从两个角度系统性地分析劳动力外出务工对粮食生产的影响。

一是劳动力外出务工导致农户生产行为决策的变化及其对粮食生产的影响。对于农户自身而言，面对家庭劳动力潜在投入数量的减少，首先需要在既定的耕地资源条件上确定一定的种植结构，确定不同作物的种植面积及其比例；其次在既定的播种面积上选择合适的劳动力、资本等要素投入水平，进而生产出相应的粮食单产。对于农户而言，可以理性地通过调整要素投入品和产品结构来缓解：第一，不改变生产类型，增加机械等劳动力替代型生产要素的投入（Ji et al.，2012）；第二，调整生产结构，扩大劳动力节约型作物的种植，或选择“高投入、高产出”的生产类型。不同农户做出何种行为又往往取决于当地的市场条件、资源环境状况、家庭劳动力的数量与年龄结构等一系列约束条件。现有从宏观层面的研究由于数据加总的问题往往掩盖了劳动力转移对粮食生产可能带来的区域异质性影响，而利用微观数据的一些研究往往集中在某一特定区域或省份。如果要全面系统地研究劳动力流动对粮食安全的影响，必须区分不同作物和不同地区，根据要素替代的可能性和调整生产结构的可能性分别进行研究。因此，本研究从农户的种植结构调整和粮食的单产水平出发，针对不同地区，根据不同地区的要素替代的可能性对不同的粮食作物进行系统研究。

二是由劳动力外出引致的耕地资源再配置对粮食生产的影响。劳动力外出务工除了改变农户的生产决策行为进而影响到粮食生产外，同时还促进了农村土地租赁市场的发展。在利润最大化的驱使下，农户开始逐渐调整自己的生产经营规模，一些农户将耕地转出甚至退出农业生产，而一些农户扩大生产经营规模，演变为专业的种粮大户。因此，农村人口变化除了直接改变农户的生产决策行为外，还会导致耕地资源在农户间重新进行配置，并间接对粮食生产产生影响。因此，这种由农村劳动力外出引起的耕地资源再配置对粮食生产的潜在影响值得深度评估。

综上所述，本研究从农户的生产决策行为的变化和耕地资源再配置的视角出发，探讨农村劳动力外出务工对我国粮食生产的影响，并针对不同作物、不同区域要素替代的可行性等约束条件的差异来分析农村劳动力外出务工对粮食生产的异质性影响，从而为政府制定和完善相关政策提供科学依据。

1.2 研究目标、内容与假说

1.2.1 研究目标

本研究的目标是依据人口学和经济学的基本理论，结合中国农村独特的人口变化背景，首先，从农户种植行为决策的视角，分析劳动力外出务工对农户种植结构和粮食单产水平的影响，以评估农村劳动力外出务工对我国粮食生产的直接影响。其次，考虑到农村人口的变化促进了农村土地租赁市场的发展并导致耕地资源在农户间重新配置，本研究测度了这种耕地资源再配置对于粮食生产的影响。本研究试图全面系统地论述劳动力外出背景下农户生产决策行为的变化以及耕地资源再配置对粮食生产的影响。最后，利用省级层面的加总数据综合分析劳动力转移对粮食生产的影响，并在此基础上为政府制定和完善相关政策提供科学依据。

1.2.2 研究假说

针对上述研究目标，本研究提出如下研究假说：

假说一：由于粮食生产机械化程度高、劳动力需求少，劳动力外出务工会促进农户种植结构向粮食作物调整，进而促进了粮食生产。

假说二：劳动力外出务工对农户种植结构的影响在一定程度上受到要素替代难易度和结构调整空间的约束。在机械难以替代劳动力的地区，外出务工对粮食生产的促进作用越弱；高附加值作物产品市场容量越大，结构调整空间越大，外出务工对粮食生产的促进作用越弱。

假说三：劳动力外出务工对不同粮食作物的单产水平存在异质性的影响，从总体上而言，劳动力外出务工对机械化程度高，劳动力需求小的作物单产影响小；相反，劳动力外出务工对机械化程度低，劳动力需求大的作物单产影响较大。

假说四：劳动力外出务工对不同粮食作物的单产水平的影响存在区域异质性，对不易于机械作业的地区，劳动力外出务工对粮食单产影响大，对易于机械作业的地区，劳动力外出务工对粮食单产影响小。

假说五：农村劳动力外出务工会对农户耕地资源再配置产生影响。农村劳动力外出务工促进了农户的土地转出行为的发生；外出务工程度越高的农户其转入土地的概率越小。

假说六：土地流转对农户种植结构的影响存在着一定的区域异质性。在适宜机械运作的区域，土地流转会促进农户种植结构向粮食作物调整，而在不适宜机械运作的区域，土地流转会抑制农户种植结构向粮食作物转变。

假说七：在目前的技术水平和耕地资源条件下，土地流转对农户粮食单产水平的影响并不确定。

1.2.3 研究内容

本研究利用农业部农村固定观察点的调查数据和国际食品政策研究所（International Food Policy Research Institute，IFPRI）委托农村固定观察点开展的补充调查，结合上述研究目标与研究假说，本研究的主要内容如下：

研究内容一：从农户种植结构调整的视角，分析劳动力外出务工对于农户粮食播种面积比例的影响，并重点分析机械替代劳动力的难易度和结构调整空间等约束条件所带来的异质性影响。

研究内容二：从农户粮食生产单产水平的角度，分析劳动力外出务工对于粮食生产的影响以及不同品种之间的差异；计算不同省份间机械—劳动力替代弹性的大小，探讨由于不同区域之间要素替代可行性差异所带来的异质性影响。

研究内容三：分析由农村劳动力外出引致的耕地资源再配置对粮食生产（种植结构和不同粮食作物的单产水平）的影响，并重点探讨不同区域之间要素替代可行性差异所带来的异质性影响。

研究内容四：利用省级层面的汇总数据，分析劳动力转移对粮食生产影响的综合效果，并按照要素替代的可行性来讨论这种影响的区域异质性。

1.3 数据来源、研究方法与技术路线

本研究主要采用统计分析、面板数据工具变量法、倾向匹配得分法等计量经济学方法，分析劳动力外出务工对农户粮食生产的影响，为农村人口变化与粮食生产之间的关系提供一定的理论判据和经验证据。

本研究所用的微观数据来源如下：

来源一：本研究的一部分数据来源于农业部农村经济研究中心的农村固定观察点数据库。农村固定观察点数据库于 1986 年由中央农研室牵头建立，每年底按统一口径全面收集所有样本村和样本农户的相关信息和数据。目前样本分布于全国除港澳台以外的 31 个省份，每年调查农户达 2 万户以上，350 个行政村，具有很好的代表性。农村固定观察点中包含了家庭成员的构成和就业情况、农业生产经营活动情况等相关信息，有助于我们深入判别农村劳动力外出务工对粮食生产的影响。

来源二：在固定观察点数据的基础之上，国际食品政策研究所（International Food Policy Research Institute，IFPRI）委托农业部农村固定观察点于 2014

年5月中旬至8月下旬对其中8个省（这8个省分别为黑龙江、江苏、浙江、江西、山东、湖北、四川和甘肃）又开展了一次补充调查，丰富了研究所需的信息量。该调查补充了农户粮食生产各环节的用工量信息和机械利用情况，便于我们深入分析人口变化背景下粮食生产中的劳动力投入情况和机械投入情况，并比较不同地区农户的机械替代劳动力的可能性，从而就农村劳动力外出务工对粮食生产影响的区域异质性做出分析，为我们的深入研究提供了翔实的数据资料。本研究以附录的形式报告了本研究所涉及的相关部分问卷内容。

根据本研究内容，所采用的技术路线如图1-2所示。

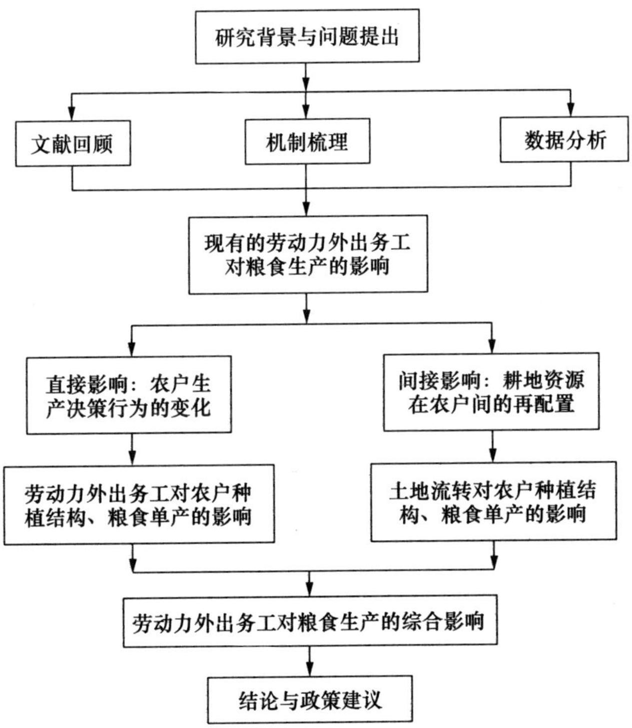

图1-2 本研究的技术路线

1.4 本书的结构与安排

本研究一共分为9章。前面3章主要是问题的提出、理论基础、分析框架等内容，第4章为人口变化的背景描述，第5章至第8章分别对应了本研究的四个主要研究内容，第9章总结全文并提出相关政策建议。本研究的具体结构安排如下：

第1章，导言。本章节在介绍本研究的研究背景之上，提出了本研究的研究问题，并在此基础上简要介绍了本研究的研究目标、内容与假说，概述了数据来源、研究方法与技术路线，并总结了本研究的创新之处和不足之处。

第2章，理论基础与文献回顾。本章节首先对相关概念进行了界定，并在此基础上介绍了本研究所重点参考的人口转变理论、劳动力流动新经济学等理论模型；最后，就人口变化、人口变化对农业生产的影响等领域对现有研究进行了回顾。

第3章，分析框架、数据来源和研究方法。首先，本章节从理论上探讨了农村劳动力外出务工对粮食生产的影响机制，并重点分析了不同约束机制下劳动力外出务工对粮食生产影响的区域异质性。其次，本研究介绍了实证章节所用的包括农村固定观察点以及在此基础上开展的补充调查在内的多套数据资料。最后，本章节概述了在实证研究中所用到的各种计量经济模型。

第4章，中国农村人口变化的特征、规律与趋势。本章节首先对农村人口、第一产业就业人口近年来的变动做出刻画，并对城乡间的人口流动特点做出描述。在此基础上，本章节利用多组数据资料来反映农村人口老龄化、女性化的现状。随后，本章节利用多组微观调查数据就农村劳动力成本上升的趋势做出了刻画。最后描述了在人口变化背景下粮食生产中的劳动力投入情况及其变动趋势。

第5章，劳动力外出务工对农户种植结构的影响。本章节利用农村固定观察点的大样本面板数据，就劳动力外出务工和农户种植结构（粮食作物播种面积比例）调整之间的关系进行了实证检验，并重点探讨了在不同约束机制下劳动力外出务工对农户种植结构影响的区域异质性。

第6章，劳动力外出务工对粮食单产的影响。在第5章的基础之上，首先描述了人口变化背景下农户粮食生产中的机械投入行为，并测算了不同区域之间机械与劳动力之间的替代弹性。在此基础之上，本章节实证分析了劳动力外出务工对粮食单产的影响，并对不同作物、不同区域可能产生的异质性进行探讨。

第7章，劳动力外出务工、土地流转与粮食生产。本章节分析了劳动力外出务工对土地流转的影响，在此基础上进一步测度了耕地资源再配置对粮食生产（粮食作物播种面积和粮食单产水平）的影响，并比较了不同区域土地流转对粮食生产影响的异质性。

第8章，劳动力外出务工对粮食生产的综合影响。本章节采用传统的柯布—道格拉斯生产函数，利用省级层面的加总数据分析了劳动力转移对各省粮食产量的影响，并根据不同省份机械—劳动力替代弹性的大小比较了这种影响的区域异质性。

第9章，结论与政策建议。总结全文，根据主要研究结论提出相关政策建议，同时对后续的深入研究做出展望。

1.5 创新之处与不足之处

1.5.1 创新之处

本研究的创新之处主要有以下三点：

（1）本研究首次系统性地从农户微观层面分析劳动力外出务工对粮食生产

的影响，主要从两个层面（农户行为决策变化的直接影响和土地资源再配置的间接影响）、两个维度（农户种植结构和粮食单产水平）分析影响的作用机制。

（2）在剖析劳动力外出务工对农户产品结构调整（粮食作物播种面积比例）决策行为的影响与机制时，深入揭示了要素替代难易度和结构调整空间等约束条件在其中的重要作用。

（3）在讨论劳动力外出务工对产出水平（粮食单产）和耕地资源再配置对粮食生产的影响时，深入揭示了要素替代难易度（机械—劳动力替代弹性）的约束条件在其中的重要作用，并比较了不同省份的区域异质性。

1.5.2 不足之处

当然，限于作者研究能力的不足以及数据的缺陷，本研究仍存在如下不足之处：

（1）本研究在分析劳动力外出务工对粮食单产水平影响的区域异质性时，重点分析了各个地区粮食生产中机械对于劳动力的替代及其区域异质性。实际上，包括化肥在内的其他资本要素也会对劳动力产生不同程度的替代效果，不同区域内农户也会根据自身的禀赋特征选择不同的生产技术。

（2）由于农村固定观察点的样本一旦确定不能随意改变，因此样本中主要以生产经营规模较小的农户为主。随着农村人口数量的大幅下降，涌现出了诸如种粮大户、家庭农场等新型农业经营主体，这些经营主体通常采用大规模连片承包经营的方式进行生产，并采用现代化的农业技术（如大型农业机械）来提高粮食生产效率和产出水平。由于样本的局限性，本研究尚无法测度这种由人口变化引致的农业经营主体变化对粮食生产的影响。

（3）本研究在分析耕地资源再配置对粮食生产的影响时，由于数据的局限性无法获得地块层面的数据，对本研究的结论可能会产生一定的影响。比如，虽然转入土地的更多可能是生产能力高的种粮大户，但转出的土地却可能是土地质量较差的地块，进而影响了对土地流转效果的判断。

（4）本研究在使用省级层面加总数据分析劳动力转移对粮食产量的影响时，

由于无法获得省级层面劳动力外流的数据，本研究利用种粮劳动力数目这一反向指标进行分析与讨论，将种粮劳动力数目的减少作为劳动力转移的代理变量。从现实的情况看，种粮劳动力数目的减少不单单来源于劳动力外出务工这一原因，还存在一定的缺陷。

第2章　理论基础与文献回顾

2.1　核心概念界定

2.1.1　人口变化

人口变化主要反映在两个方面：一方面是指人口数量的变化，人口数量变化是指一定时间跨度、一定区域内部人口总数的变化，其通常由出生率和死亡率决定；另一方面是指在一定时间跨度上人口结构的变化，主要是指人口的年龄结构和性别结构的变化，通常受到社会、经济和政策等多种因素的影响。一些历史、政策和经济上的因素导致了中国人口结构存在一定程度的扭曲，人口金字塔存在明显的缺口（Carter et al.，2012），然而，特别需要关注在中国城乡发展不平衡背景下城乡之间、农业和非农产业之间的劳动力转移对城市和农村人口数量和人口结构的冲击。第三次人口转变理论认为，人口迁移也是另一种形式上的人口变化（Coleman，2006）。改革开放以来，农村地区和农业部门的劳动力持续地、大规模地向城市地区和非农部门转移。由于特殊的户籍政策和劳动力市场、社会保障市场的不完善，这种劳动力转移以家庭部分成员（通常以年轻男性劳动力为主）的个体迁移为主，不仅改变了区域内部的人口总量，更重要的是改变了区域内部劳动力的年龄结构和性别结构，使得农村地区的人口老龄化和女性化相当严重，造成城乡人口结构上的巨大差异。因此，本研究所讨论的人口变化，主要是指由于中国城乡之间的劳动力转移所引致的人口变动。

2.1.2 机械对劳动力的替代

农业机械通常泛指在种植业和畜牧业生产过程中所使用的各种机器设备。农业机械与农业劳动力作为农业生产中的两种主要投入要素，两者之间的配置关系具有较为明显的替代性。本研究论及的机械对劳动力的替代主要指在种植业作物的生产过程中，用各式各样的农业机械来替代原本需要用人力或者畜力从事的生产活动，以减轻农民在农业生产活动中的劳动力投入，将原本需要从事繁重农活的劳动力从农业生产中释放出来的过程，并减轻劳动力投入的强度。在种植业的生产过程中，农业机械对农业劳动力替代的方式多种多样，包括用机插秧替代传统的手工插秧，用收割机替代传统的用镰刀手动收割，用飞防服务替代人工打药等方式。

农业生产过程中，随着农业机械化水平的提高，运用农业机械对农业劳动力的替代，能在一定程度上促进我国农业劳动力的释放。伴随着近年来农村劳动力转移，农村劳动力剩余不断下降甚至为负，达到了理论中的“刘易斯拐点”，这种机械对劳动力的替代性所可能发挥的潜在优势不言而喻。

2.1.3 农村劳动力转移

一般意义上而言，农村劳动力转移泛指原本从事农业生产的劳动力改变原有的工作属性，工作性质由农业生产转变为非农经营的过程。由于我国经济发展存在着严重的区域不平衡现象，非农工作主要集中在城镇地区，且城镇地区的非农就业客观上具备连续性，因此农村劳动力在职业转变的同时往往伴随着居住地的变动，即在地域上迁出农村向城镇地区转移。

当然，一些县域经济发达的地区，农户能够相对轻松地在本县或本乡镇找到非农就业工作而无须前往大城市，且由于基础设施和交通条件的改善，农户可以较为便利地往返于工作地点和家庭住址之间。虽然这也是劳动力“转移”的一种形式，但由于这部分劳动力依然居住在农村，并没有改变区域内部的人口结构。另外，一些研究表明，由于中国的耕地经营规模相对较小，农户在本地从事非农就业的同时可以兼顾农业生产（郑黎义，2010），因此本研究中所指的“劳动力转移”、“劳动力外出务工”等词，均指代劳动力在本县以外的区域从事非农就业活动。

2.1.4 土地流转

本研究所指的土地，是指农民拥有承包经营权、主要用于农业生产的土地，即一般意义上的“农地”。而土地流转则是土地承包经营权的转移，通常是指拥有土地的农户将规模小、细碎化或撂荒的土地，转给有意扩大生产经营面积的承包者进行经营。随着工业化、城镇化进程的不断推进，农村劳动力逐渐向城镇和非农产业转移，由于家庭劳动力不足、收入上升进而增加了对闲暇的偏好等原因逐渐减小自己的生产经营规模或干脆退出农业生产，将原本拥有承包经营权的土地部分或全部以转包、出租、代管等方式交由他人管理，由他人从事农业生产经营的行为。这种土地承包经营权的转移，一定程度上可以促进农业规模化经营的发展。

2.2 理论基础

2.2.1 人口转变理论

人口转变理论的产生和发展主要经历了三个阶段。最初的人口转变及其相关概念由沃伦·汤普森（Thompson）于1929年提出，后经兰德里（Landry）和诺特斯坦（Notestein）等人口学家的发展，概括出人口发展的过程、主要阶段和演变规律，创立了最初的人口转变理论（石人炳，2012）。该理论被认为是“现代人口学的核心”，其核心即描述了人口变动从传统的高生育率、高死亡率和低自然增长率转变为现代社会的低生育率、低死亡率和低自然增长率的过程。学界通常将上述理论冠以“第一次人口转变”的称谓。“第二次人口转变”主要描述了由于家庭制度和避孕技术的发展，生育率下降到自然更替水平以下的过程（Van de Kaa，1987）。虽然同样讨论的是生育率的持续下降，但“第二次人口转变”主要关注的是人口转变背后截然不同的逻辑线索，加深了学界对于人口转变这一理论的认识。

“第三次人口转变”与本研究所要讨论的主题密切相关。Coleman（2006）回顾了美国和欧洲的人口发展历程，将这些发达国家正在经历的、以低生育率和高迁入率带来的人口结构的改变，以及由此引发的国家和社会在政治、文化和社会结构等方面的冲击称为“第三次人口转变”。虽然该理论的背景是担心人口种族结构的变化，担心欧美白种人比例的下降，但其中作用的机制主要是人口的迁移，与本研究所关注的重点相契合。这点对于城乡间发展极不平衡的我们而言显得尤为重要，我国城乡之间超大规模的人口迁移正在并将持续改变城乡之间和城乡内部的人口总量及结构，对整体社会经济的发展起到了举足轻重的作用，有必要深入研究由劳动力转移所引致的人口转变对相关社会经济变量的影响。

2.2.2 二元经济与刘易斯拐点

诺贝尔经济学奖获得者刘易斯于20世纪50年代提出了著名的“二元经济理论”以及基于该理论的“刘易斯拐点”。该理论认为广大发展中国家均存在着典型的二元经济结构：一个是以农业部门为代表的传统经济部门，另一个是以工业经济为代表的现代经济部门。在传统农业经济部门中，经济发展的速度相对比较缓慢，资本投入较少而劳动力投入较多，导致劳动力的边际产出非常低，甚至存在为零值的可能。然而，农业部门大量的剩余劳动力为以工业为主的现代经济部门的发展创造了有利条件，即现代工业部门可以最低生存工资雇用到无限的农村劳动力，并且将获取的利润转化为资本进一步扩大生产，直至农业部门的剩余劳动力被完全吸收。而所谓的“刘易斯拐点”是在上述过程完成后，工业部门想要继续吸收农村劳动力而不得不提高工资的转折点。

近年来，学术界对中国经济是否已经达到刘易斯拐点展开了较为广泛而又激烈的讨论。一些学者认为，中国农村仍然存在着大量剩余劳动力可供转移（Kwan et al.，2013），农业部门的劳动边际生产力水平依然很低（Minami and Ma，2010），因此，中国还尚未达到刘易斯拐点后期所表征的经济阶段。而以蔡昉为代表的一些经济学家则认为中国已经达到了刘易斯拐点，并从人口年龄结构的变化、劳动力市场的供求关系等多个角度印证了这种判断（Cai and Wang，2008；蔡昉，2010；Zhang et al.，2011）。另一些学者则认为，由于制度上的缺陷，民工荒和农村劳动力剩余的局面将同时存在（约翰·奈特等，2011）。但无论这场学术争论的最后结果如何，近年来以农民工工资表征的劳动力成本正在不断上涨，由农村人口结构表征的可供转移的劳动力数量正在大大减少是一个无可辩驳的事实。

2.2.3 劳动力流动新经济学

Stark 及其合作者在发表的一系列文章中提出了劳动力流动的新经济学（New Economics of Labor Migration，NELM）的基本观点（Stark and Bloom，1985；Taylor，1999）。该理论将劳动力转移的个体行为纳入家庭决策的分析框架中，并认为劳动力转移是农户家庭在市场不完全的情况下，为了克服信贷约束和农业生产的不确定性而进行的联合决策（王子成和邓江年，2014）。因此，个体外出决策不仅仅是基于流出地与流入地在劳动报酬上的差异，这种决策同时考虑了风险规避、缓解资本市场和劳动力市场不完全等因素。劳动力流动不仅直接影响了农业生产，还对农村发展、农民福利等各方面产生了深远的影响。许多学者在劳动力流动新经济学的框架之下做了各式各样的研究，已经成为分析劳动力迁移问题的主要分析框架和理论基础之一。

劳动力流动对于农业生产及其粮食生产的影响是劳动力流动的新经济学（NLEM）的主要应用领域之一。该理论认为，劳动力向非农部门的转移减少了农户家庭农业生产的潜在劳动供给，在农村劳动力市场不完善及其农业生产雇工难以监督的情况下，劳动力转移会导致农户家庭对农业劳动的投入减少，因此可能会对农业生产造成一定的负面影响。学者们将这种负面影响归结为“劳动力流失效应”。另外，劳动力向非农部门的转移提高了农户家庭的收入水平，有利于缓解农户的资金约束，可能会促使农户进行生产性投资、增加要素投入或采用新的改良品种，进而对农业生产产生正向影响，即“流动性约束释放效应”。劳动力转移对家庭农业生产活动影响的净效应取决于这两个效应的相对大小。

为了进一步理解劳动力转移对农业生产的影响，本研究通过推导一个简单的农户模型分析这一问题。对于农户而言，农户在资金约束和时间约束的情况下，最大化农户效用 $u(C, T^L, \propto)$，其中，C 代表农户消费，T^L 表示农户用于休闲所花时间，$\propto$表征农户偏好及其其他影响农户效用的因素。

假设一个“典型”农户只从事农业生产和非农就业这两种活动，那么农户的农业生产经营活动可以描述为：

$$Y = f(T^a, X, L, \beta) \tag{2-1}$$

式中，T^a 为农户投入农业生产所花的时间，X 为农户农业生产中的要素投入，L 为农户家庭所拥有的土地禀赋，β 为其他影响农户农业生产的变量，那么农户从事农业生产的利润可以表述为：

$$\pi = p_Y f(T^a, X, L, \beta) - p_X X \tag{2-2}$$

式中，p_Y 和 p_X 分别代表农产品价格和要素价格。

对于农户的非农就业而言，假设农户从事非农就业的工资率水平为 w，从事非农就业的时间为 T^M，那么农户收入最大化可以表述为：

$$I = p_Y f(T^a, X, L, \beta) - p_X X + wT^M + w^* T^L \tag{2-3}$$

$$s.t.\ T^a + T^M + T^L \leqslant T \tag{2-4}$$

式中，w^* 为劳动力市场达到均衡时的影子工资率水平，T 为农户家庭的总劳动供给。在存在约束的情况下，劳动力向非农部门转移会通过影响影子工资率水平影响农户从事农业生产的劳动供给，进而对农业生产产生影响；在要素交叉价格弹性不为 0 的情况下，劳动力向非农部门转移会影响农户的要素投入。

2.2.4 诱致性技术变迁理论

根据农户模型，农户会根据不同要素之间相对价格对要素的投入组合进行适当的配置，以尽可能地实现利润最大化的决策目标。在较长一段时间，我国的农业生产由于人多地少的禀赋特征一直保持着小规模生产的经营方式，农业生产也以农户过量投入劳动力的“内卷化”、“过密化”经营为主；但随着城市化进程的不断推进，农村劳动力大量从农村和农业部门向城市和非农部门转移，大大减少了农村劳动力的潜在供给；另外，非农收入的大幅提升，拉高了农村的劳动力价格，促使农户采用节约劳动力的技术（如机械技术的运用）。诱致性技术变迁理论为要素稀缺度及其要素价格的相对上升以及由此引致的农业技术变化提供了一个非常独特的理论视角。

诱致性技术变迁理论的原型最早由 Hicks（1932）提出，核心思想是一种要素的相对价格上涨会促进其相对使用量的减少，进而引发一系列技术变革。稀缺资源对经济增长的约束，可以通过相对丰裕要素对稀缺要素进行替代的技术进步所化解。Binswanger（1974）构造的诱致性技术变革模型，综合分析了厂商要素节约倾向受要素相对价格的影响，以及技术变革速度受产品需求的影响。在农业生产领域，Hayami 和 Ruttan（1971）在继承 Hicks（1932）的观点之上建立了诱致性技术与制度创新模型，该模型从农业发展的国际比较出发，阐述了具有内生性的技术与制度变革往往由初始的资源禀赋与积累、经济发展历程中形成的产品需求等经济力量所诱导，并可以通过多种途径实现这些技术与制度变革来弥补一国在某些资源禀赋上的不足。

2.3 文献回顾

2.3.1 有关农村人口变化与劳动力成本的研究

农村劳动力非农化转移是世界各国实现从农业社会向工业社会转型过程中不

可避免的现象，同时也是劳动力市场化改革的重要表现。中国农村人口变化趋势表现为绝对数量的下降以及年龄、性别结构的改变，即农村人口向城镇的大规模迁移，一方面直接改变剩余人口总量，另一方面转移人口多为青壮年劳动力的特征使得剩余人口的年龄结构发生变化。这种现象表明经过了较长一段时间的城乡劳动力转移，农村已不再是无限的劳动力源泉，农村劳动力的供给数量很有可能集聚下降（郭志刚，2014）。虽然农村劳动力向城镇的迁移和转移还在继续，但城乡人口老龄化将导致劳动力转移的步伐减缓（童玉芬，2014）；考虑到城乡劳动力单向转移的趋势不可逆转，农村务农劳动力老龄化的进程将不断延续；农村现有的年龄结构亦表明务农劳动力在若干年后将会大幅度下降（钟甫宁和向晶，2013）。童玉芬（2011）甚至认为农村可供转移的劳动力将在5~10年内趋于0。因而，在预测农村未来人口时，要考虑到不同年龄段劳动力在非农转移率上的差异，结合现有的农村剩余人口的年龄结构数据，分析农村劳动力转移率以及可供转移的劳动力数量情况。

有一些研究对中国农村人口变化趋势进行了模拟与预测，如胡英等（2003）预测2010年、2015年和2020年中国农村人口分别为6.611亿人、5.935亿人和5.315亿人，农村人口所占比重分别为49.54%、43.63%和38.61%。虽然现在看来这些预测结果与实际情况存在着一定的偏差，但整体变化趋势基本一致。在农村人口数量不断减少的同时，老龄化特征也越发明显。最近一项基于湖北、湖南、河南三省七县的农户微观调查则显示务农劳动力中年龄在50岁和60岁以上的分别占到农业劳动力的46.3%和16.3%，女性劳动力则更是达到了64.1%（郭熙保和赵光南，2010）。根据第五次人口普查结果显示，城市和农村60岁以上人口的比例分别为9.68%和10.91%，而十年之后的第六次人口普查，城市和农村60岁以上人口的比例分别上升为11.68%和14.98%，农村老年人口比例提高了4.07个百分点，而城市仅提高了2个百分点（邹湘江和吴丹，2013）。世界银行在其报告中对中国农村与城市地区老年人口抚养比的差距进行了测算，并指出中国农村与城镇地区老年人口抚养比差距预计将从2008年的4.5个百分点扩大到2030年的13个百分点；届时，城镇地区的老年人口抚养比为21.1%，而农村地区的老年人口抚养比会达到34.4%（王爱华，2012）。几乎所有学术文献的预测结果均表明中国未来农村人口的老龄化问题将越来越严重。另外，考虑到不同年龄、性别的劳动力在劳动参与率上的差异，农村未来真正从事农业生产的人口可能大大减少，而农业劳动力的变动及其趋势对农业生产和农村发展均具有重要的影响，因此在对未来农村人口预测的基础上，还有必要对真正从事农业生产的劳动力进行估计。卢锋和杨业伟（2012）在设定农业劳动力占比下降速度的前提下，分析了影响农业劳动力占劳动力总量比率下降因素的贡献，并认为老年人退出农业生产成为影响未来农业劳动力占比下降的最重要因素。

就劳动力成本而言，Zhang 等（2011）发现，农村的真实工资水平从 2003 年开始已经呈现出较为明显的上升趋势，且农闲时期的真实工资水平的上升表明农村已不存在剩余的劳动力。卢锋（2012）研究了过去 30 年农民工名义工资水平的增长趋势，结果显示 20 世纪 90 年代前中期农民工名义工资水平增长几乎停滞，但最近十多年却保持着较快的增长趋势。王美艳（2011）用雇工工价表征农业劳动力成本，发现在 2004 年以前劳动力成本从整体上而言较为平稳，但从 2004 年以后，劳动力成本则表现出迅速上升的趋势。

2.3.2 有关农村人口变化对农业生产影响的研究

2.3.2.1 劳动力转移对农业生产和粮食安全的影响

出于对粮食安全问题的担忧，学术界就农村人口变化对农业生产，尤其是粮食生产的影响做出了较多探讨。国外的学者主要从新迁移理论（NELM）出发，该理论为分析劳动力转移与农业生产之间的互动关系提供了一个基本的分析框架。该理论认为，个人效用最大化不再是迁移的唯一动因，家庭成员的劳动时间在农业和非农业工作之间的配置是为了最小化家庭风险并减轻由于市场不完善给家庭经济活动带来的负面影响，实现家庭期望效用最大化（Stark and Bloom，1985；Taylor，1999）。就农业生产而言，劳动力向非农部门转移提高了农户家庭的收入水平，有利于缓解农户的资金约束，可能会促使农户进行生产性投资、增加要素投入或采用新的改良品种，进而对农业生产产生正向影响，即“流动性约束释放效应”；另外，劳动力向非农部门转移减少了农户家庭农业生产的潜在劳动供给，在农村劳动力市场不完善及其农业生产雇工难以监督的情况下，劳动力转移对农业生产可能会存在一定的负面影响，即“劳动力流失效应”。而劳动力转移对家庭农业生产活动影响的净效应取决于两个效应的相对大小。Taylor 和 Lopez - Feldman（2010）发现，迁移不仅提高了农户的人均收入，同样能够提高迁出家庭的土地生产率。然而也有一些学者认为，迁移会对农业生产产生一定的负向影响。Rozelle 等（1999）对中国的研究发现，劳动力的迁移对农户玉米单产有显著的负向影响。De Brauw（2010）在越南的实证研究发现，季节性的迁移对农业生产的资本投入和产出率均没有显著影响。Lien 等（2010）发现，非农就业对农业产出的影响是一个动态过程，非农就业在初始阶段可以提高农业产出，然而随着农户非农就业时间的不断增加，非农就业对农业产出产生了一定的负向影响。

由于我国区域发展不平衡的现状较为严重，与国外跨国迁移不同的是，国内的劳动力转移主要是城乡之间的人口流动。就目前国内实证研究的结果看，不同学者之间的研究结论依然存在着较大分歧。盖庆恩等（2014）的研究表明，不同劳动力之间的生产效率存在着明显差别，男性和女性的转移就业会显著降低农业产出的增长率，因此从整体上看，劳动力转移对我国的农业生产有着显著的负向影响；李光泗和朱丽莉（2014）分析了劳动力流动对粮食生产的影响，研究发现非农就业对粮食生产的负向影响非常显著；秦立建等（2011）认为，劳动力的非农转移减少了农户粮食生产中的劳动投工数，粮食的产出水平也因此受到了不利影响。当然，也有一些研究认为劳动力转移或非农就业对粮食生产没有影响。林坚和李德洗（2013）认为，非农就业产生了较为明显的“投资效应”，而粮食生产恰好机械化程度较高，因此粮食生产并未受到非农就业的负面影响。钱文荣和郑黎义（2010）同样认为，外出务工的收入效应促使农户在水稻生产的过程中增加化肥和农药等物质要素的投入进而促进了产量提升，但同时又会使他们疏于对水稻生产的管理；另外，外出务工对水稻生产力是否存在影响还取决于当地的基础设施条件。Wang（2014）认为，面对劳动力的流失，农户倾向于减少用于闲暇和其他低回报生产活动的时间，因此迁移对农业生产的影响极其微弱。而随着不同地区的粮食生产格局出现了一定的差异，一些研究开始逐渐关注劳动力转移对粮食生产影响的区域异质性，认为劳动力转移对粮食生产的影响并不绝对。王跃梅（2013）的研究认为，劳动力外流改变了主产区粮食生产的“内卷化”现象，而主销区的粮食生产却因农村劳动力外流而逐渐萎缩。刘亮等（2014）认为，农村劳动力转移对主产区粮食总量影响甚微，可以忽略不计，但劳动力转移对主产区和非主产区的粮食生产的影响存在着一定的区域异质性；程名望和几位学者的若干研究均表明，中国农村的劳动力外流对粮食主产区和产销平衡区的粮食生产并没有显著影响，但却恶化了粮食主销区的粮食生产（程名望等，2013；程名望等，2015）。

除了对粮食产量的分析外，学者们还发现劳动力转移会对农户的生产结构产生一定的影响。一方面，劳动力转移减少了农户从事农业生产的潜在劳动供给，使得农户更倾向于种植劳动力投入少、机械替代程度高的作物；另一方面，劳动力转移释放了农户的流动性约束，促使农户更多地从事“高投入—高产出”的作物生产。De Brauw（2010）在越南的研究发现，农户会将自己的生产结构从劳动密集型作物调整为土地密集型作物的生产；Damon（2010）却发现，迁移所带来的家庭收入的提高弱化了农户多元化生产的动力，农户减少了经济作物的种植，反而将更多的土地配置到口粮生产中。然而，也有一些学者持相反的观点。Gonzalez－Velosa（2011）的研究发现，劳动力迁移所带来的汇款收入促进了农户种植高附加值经济作物的比例；Li 等（2013）发现，家庭劳动力的流失弱化了农户的粮食生产劳动力投入，但农户会加强资金密集型作物的投资。与此同时，另一些学者从风险承担的视角出发，认为劳动力迁移所带来收入增加增强了农户的偏好，农户扩大了畜禽养殖类相对资本密集且风险更大的经营活动（Kilic et al.，2009）。国内的一些研究也认为，劳动力转移所导致的农村人口老龄化对农业生产的影响的取决于作物本身的特性，对于机械化程度较低的作物而言（如棉花），其生产过程过程相对复杂，老年人因此无法承担繁重的田间作业，所以老龄化对这类作物的生产有着明显的负向影响（胡雪枝和钟甫宁，2013）。

2.3.2.2 劳动力转移对生产投资和技术效率的影响

Chiodi等（2012）在墨西哥的研究发现，在信贷市场和保险市场不完善甚至基本缺失的农村贫困地区，农户通常将部分家庭成员迁移作为实现自我融资和自我保险的方式，释放了农户的流动性约束同时促进了农户生产性资产的积累。持类似观点的学者还包括Dustmann和Kirchkamp（2001）和Konseiga（2007）。De Brauw和Scott（2008）认为虽然劳动力迁移提高了农户家庭收入，但家庭收入的提高往往会引致房屋和其他耐用消费品的投资，对生产性投资并没有显著的影响。Mendola（2008）分析了不同迁移模式对农户农业技术采纳的影响，结果发现只有“高回报”的迁移模式（如国际间的迁移）才会促进农户采纳现代化的农业生产技术。

除了产量以外，还有学者从粮食生产的效率出发，认为劳动力非农转移对粮食生产技术效率的提高有显著积极作用，但不同区域之间存在差异（马林静等，2014）。Wouterse（2010）认为，不同的迁移距离对技术效率的影响不尽相同。也有一些学者发现，迁移虽然减少了农业生产中的劳动力投入，但对农业生产的技术效率并没有影响（Miluka et al.，2010；Lien et al.，2010）。相比于青壮年劳动力，老年劳动力的体力较差，甚至拖累年轻劳动力，可能对农业生产的技术效率具有负面影响；但其经验较丰富，技能较高，从事非农业活动的机会也较少，更专注于农业生产，可能对农业生产的技术效率具有正面影响。农村老龄劳动力在经验和技能方面的积累和更专注于农业生产对技术效率的正面作用超过了体力下降的负面影响（彭代彦和吴翔，2013）。

2.3.3 机械对劳动力的替代及其对农业生产影响的研究

2.3.3.1 机械对劳动力替代的相关研究

根据诱致性技术变迁理论，劳动力的相对稀缺及成本的上升会促使农户采纳节约劳动力投入的一系列技术。随着近年来我国农村劳动力的不断转移、农村劳动力成本的不断上升，大大增加了农户对于替代劳动力的机械技术的需求，而农机跨区作业服务则极大地降低了农户使用农机的成本，在农业生产领域机械及其他资本要素对劳动力的替代逐渐得到了越来越多的关注。应瑞瑶和郑旭媛（2013），杨宇和李容（2015）从机械和劳动力两种要素之间的替代关系及其难易程度出发，分析了劳动力转移对粮食生产和要素投入的影响，但只是从理论上探讨了要素替代的大小，并未对要素替代进行具体的测度。而国际上，通常采用测算要素之间的替代弹性反映生产要素之间的替代关系。20 世纪 70 年代以来，基于超越对数生产函数的要素间替代弹性的测算逐渐兴起，其中分析农业生产中各要素之间的替代弹性是国外经验研究的主要研究领域之一。Ali 和 Parikh（1992）利用超越对数成本函数分析了巴基斯坦农业中生产要素的替代关系，研究发现拖拉机对人力和畜力替代效应非常明显；Fischer（1980）就墨西哥农业生产的要素替代做出相关探讨；Sharma（1991）就韩国农业生产的要素替代和科技进步进行了分析；学者们对哥伦比亚、津巴布韦、澳大利亚和加拿大等多个国家的农业生产中的要素替代弹性进行了大量的实证研究（Thirsk，1994；David，1997；Dalton et al.，1997；Andrikopoulos and Brox，2008）。近年来国内一些研究也开始利用替代弹性的概念及公式分析要素之间的替代关系。李谷成等（2015）分析了油菜生产中的要素替代弹性问题，机械对劳动力产生了非常明显的替代效应，而这种效应较好地补偿了由于劳动力外流可能带来的负面影响。就粮食生产中的要素替代而言，胡瑞法和冷燕（2006）较早地研究了三大粮食作物相应要素之间的替代关系，并发现机械与劳动之间存在着较大的替代弹性，今后采用更多的机械投入替代劳动力是技术发展的重要方向之一；陈书章等（2013）分析了小麦生产中的技术进步和替代行为，研究发现小麦的各主产省份中机械和劳动力均有着较大的替代关系；李首涵（2015）在玉米生产中也发现了类似的替代关系，且机械对劳动力的替代弹性有上升的趋势，2009 年后上升趋势更加明显；吴丽丽等（2016）的研究发现，在劳动力成本上升的背景下，劳动力与机械之间存在着明显的替代关系，且这种关系逐年增强。然而，李光泗和朱丽莉（2014），马凯等（2011）的研究表明机械对劳动力的替代弹性较小，作用亦不大。这种反差极大的结果很有可能与国内文献错误地运用超越对数生产函数及其衍生公式计算要素的替代弹性有关（郝枫，2015）。

2.3.3.2 机械技术对农业生产影响的研究

Houssou 和 Chapoto（2015）发现，机械化促进了农作物播种面积的扩张，对农业生产起到了明显的助推作用。杨进（2015）利用固定观察点的大样本数据分析了机械投入对粮食生产的影响，结果表明农户的机械投入给农户的粮食产出带来了显著的正向影响。然而，也有一些研究表明，机械技术的应用对农业生产而言并没有非常明显的正向影响或促进作用。王跃梅（2013）在分析劳动力转移对粮食生产的影响时，认为农业机械总动力对主产区、主销区和平衡区的粮食生产均没有显著影响。这与我们在田野调查中发现农户大量使用机械替代劳动力、农机作业跨区服务迅猛发展的事实情况有所不符。这可能与其所使用的数据时期（1978～2008年）有着较大的关联。就粮食生产的效率而言，机械的使用减少了粮食生产中的劳动力投入，改变了生产中的要素配置，因此一些研究发现农户使用机械显著地提高了水稻的生产效率（Hormozi et al.，2012；Obi and Chisango；2011）。另外，杨进（2015）分析了包括耕田、播种和收割在内的各个生产环节对粮食生产效率的影响，然而研究结果表明，农业机械化服务对粮食生产效率并没有显著的影响。

2.3.4 有关土地流转与农业生产的研究

2.3.4.1 土地流转的经济绩效研究

农村大量劳动力从农业部门向城市和非农部门转移后，土地资源进行重新配置，土地租赁市场也得到了不断发展，在利润最大化的驱使下，农户开始逐渐调整自己的生产经营规模。土地租赁市场作为一种资源再配置的手段，其对农业生产和农民收入等经济绩效的影响得到了学者的广泛关注。土地作为农户最主要的生产要素，将直接导致农户收入及其农户间收入分配的变化。李庆海等（2011）、薛凤蕊等（2011）、冒佩华和徐骥（2015）的研究均表明，土地流转对农户的收入水平均有显著的正向影响，因而土地经营权流转被认为是促进农民收入增长的一个重要方式。虽然土地流转能够促进农户收入的增加，但流转的土地并不在农户个体中平均分配，因而土地流转还会对农户间的收入分配产生影响。Deininger

和 Jin（2005）在一篇开创性的文献中发现，中国农村的土地流转市场有助于缓解收入不平等的情况；但也有学者认为，由于贫困农户存在着信贷配给约束，生产能力相对较弱，因此土地租赁市场的发展加剧了农民的收入差距（Carter and Olinto，2003）；韩菡和钟甫宁（2011）以安徽及浙江两个经济发展水平差异较大省份的对比研究表明，在经济发达、非农就业机会多的浙江省，土地流转向大规模农户集中进而扩大了当地农民的收入差距；在经济基础较弱、非农就业机会少的安徽省，土地流转则缩小了当地农民的收入差距。

除了农户收入水平及其收入差距之外，土地流转对农业生产的影响也是学者们比较关注的研究领域。很多学者分析了土地流转对农户农业生产效率的影响，发现土地流转能够有效地提高农户农业生产的效率，包括全要素生产率（Kompas et al.，2009；陈训波等，2011）、技术效率（陈训波等，2011；王晓兵等，2011）和土地生产率（朱建军等，2011；Muraoka et al.，2014）在内的多项生产效率指标均在土地流转后得到了改善，且转入对生产效率提高的影响要比转出对生产效率提高的影响更为显著（戚焦耳等，2015）。通过对已有文献进行回顾我们可以发现，国内外相关学者就土地流转能够提高资源配置效率、提高生产效率的观点已经基本达成了共识。当然，对农业生产的影响并不等同于对粮食生产的影响，即使是粮食生产效率的提高也并不一定意味着粮食产出水平的增加。从目前的研究情况看，土地流转对于粮食产量影响的分析则较为少见，目前能检索到的文献主要为 Lohmar 等（2001）和 Feng 等（2008）两篇文章。然而，Lohmer 等（2001）并没有考虑到土地租赁行为的内生性特征，导致土地租赁对粮食生产的估计结果会存在一定的偏误；而 Feng 等（2008）采用的是江西省 3 个村的 52 个农户样本的数据，所用数据的局限性也相当明显。且上述两项有关土地流转对粮食生产的研究，其所用数据分别来源于 1998 年和 2003 年的田野调查，从整体上看，当时土地租赁市场发育程度较低，发生土地流转的农户数相对较少，因此有必要重新利用近年来的微观调查数据做进一步的分析与讨论。

随着土地市场的不断发育，越来越多的农户发生了土地流转行为，流转土地的面积也不断增加，学者们开始关注土地流转后农地用途的变化及其对粮食安全的影响。从土地的用途看，张丽君等（2005）的研究发现，土地流转的比例越高，土地利用方式发生变化的土地面积越多。就土地用途发生的变化而言，易小燕和陈印军（2010）的研究发现，农户在转入土地上的种植行为更倾向于“非粮化”种植。出于对粮食安全问题的担忧，这种由土地资源再配置所导致的“非粮化”现象值得关注。郭欢欢（2014）对重庆市的研究发现，由于高企的土地租金成本，在比较收益的驱动下农户土地流转面积的增加将会减少粮食作物种植比例，进而威胁到区域内部的粮食安全问题。然而，也有学者发现，由于不同作物在劳动生产率上的差异，农户家庭并不能无限扩大从事高附加值作物的生产，而土地流转带来的规模化经营可以诱使农户更多地从事粮食作物的生产。张宗毅和杜志雄（2015）利用种植业家庭农场的监测数据发现，当农户的经营规模较小时，土地转入户种植高附加值作物的比重越大，“非粮化”程度较为严重；而当农户的经营规模较大时，农户更倾向于种植粮食作物以实现一定程度的规模经营。

2.3.4.2 土地规模经营与生产率的研究

出于对粮食安全问题的关注，上文回顾了土地流转对农户种植结构及“非粮化”的影响，然而从理论上而言，土地流转对土地单位面积的产出水平产生影响。随着土地流转程度的不断加深，增加了农户规模经营的可能性。发展经济学文献中的一条普遍经验规律，或被称为“逆向关系假说”（Inverse Relationship）则认为，农户的规模越大，单位土地面积的产出越低。

有关农地经营规模与农业生产率之间的关系一直是发展经济学、农业经济学领域的研究重点。俄国切亚诺夫发现，农业生产中的农地经营规模与土地生产率之间存在着一种逆向关系。随后，不同学者在印度（Sen，1962；Carter，1984）、巴基斯坦（Heltberg，1998）、乌干达（Carletto，2013；Larson，2014）和包括中国（高梦滔和张颖，2006；李谷成等，2010）在内的很多发展中国家均发现了这样的关系。因此，对于发展中国家而言，如果这样的逆向关系确实存在，那么平均分配土地的政策不仅有利于实现农户间的公平，同时还能尽可能地提高粮食产量以保证粮食安全。就“逆向关系”存在的原因，学术界普遍认为要素市场尤其是劳动力市场的不完全是导致逆向关系的一个重要因素。劳动力市场不完全主要反映在两个方面：一方面，在传统的农业生产领域，农村劳动力市场存在大量剩余劳动力，农户缺乏有效的非农就业机会，使得小规模农户的家庭劳动力的成本低于市场工资水平，大小农户面对不同要素价格，会做出不同的资源配置决策（Sen，1966；Carter，1984）；另一方面，农业生产的生物属性和空间分布特征使得对雇佣工人作业效果的监督较为困难，雇工经营的生产方式很有可能会产生一定的道德风险问题（Feder，1985）。因此，在农业生产中，相较于大农户而言，小农户倾向于通过投入更多的劳动力，进而保证单位土地上的产出水平。除了劳动市场以外，一些学者认为土地市场的不完善导致土地不能按照边际产出的原则在不同农户之间进行有效的配置，使得土地资源无法合理配置到生产效率更高的农户手中（通常为小农户），小农只能通过以劳动力代替土地来获得较高的土地生产率（Feder，1985）。另一些学者认为，这种逆向关系主要是由于未能控制土壤质量（Benjamin，1995；Newell，1997）、不同规模农户在生产能力上的异质性（Assuncao and Ghatak，2003）以及土地面积的测量误差所致（Lamb，2003；Barrett et al.，2010；Carletto，2013）。

除了土地生产率的测度与比较之外，很多学者从农户收入、生产成本、要素配置的角度，分别比较了不同规模农户之间的成本利润率、技术效率和全要素生产率。成本利润率或单位面积的生产成本是很多学者关注的一个重点，因为一种产品生产成本的变动会影响到该产品的比较优势。劳动力成本尤其是家庭劳动力用工成本的核算是准确测度农产品生产成本的一个关键。一些学者认为小农户存在“自我剥削”的倾向，小农的劳动投入要超过市场机制下的均衡水平，劳动力的机会成本很低，可以忽略不计。而与之相对的理性小农学派则否定农业存在零值劳动力的假说，认为农户能够对市场与价格、成本与收益做出反应，通过价格机制来调整要素的投入，家庭劳动力的成本也应该按照市场工资对农户的劳动力成本估算。不同农户的劳动力定价机制应当存在一定的差异，对于专业大户而言，其劳动力成本可以用市场工资率进行估计，而对于小农户的家庭用工而言，应该用劳动力的影子价格估算劳动力成本（Foster and Rosenzweig，2011）。李谷成等（2010）认为，如果将劳动力成本排除在外，那么成本利润率与规模大小无关，但如果将包含家庭用工的劳动力成本纳入成本利润的核算中，那么成本利润率与规模存在显著的正向关系，扩大生产经营规模将有助于农户增收。

不同规模农户之间的技术效率与全要素生产率的关系比较复杂，往往因不同国家的经济和社会环境制度、经济发展水平以及国家发展政策的不同而存在差异。就技术效率而言，张忠明和钱文荣（2010）发现技术效率与土地规模之间存在着一种"U"形关系，即初始土地规模的扩大会导致技术效率的降低，但随着土地经营规模的进一步扩大，农户的技术效率会逐渐升高。Bagi（1982）和李谷成（2010）的研究均表明，农户生产经营的技术效率与耕地规模无关。就全要素生产率而言，Fan 和 Chan（2005）以中国、日本、韩国、印度和泰国这些人均土地经营规模较小的亚洲国家为例，认为全要素生产率与农户经营规模总体上呈现出一种反向关系。而 Helfand 和 Levine（2004）在巴西的实证研究却表明，大规模的农场的全要素生产率更高。从国内研究看，由于中国幅员辽阔，不同地区的生产条件不尽相同，因此并未得出较为一致的结论。刘玉铭和刘伟（2007）以黑龙江为例，发现农户经营规模的扩大有助于全要素生产率的提高，而李谷成（2010）采用湖北省的面板数据得出全要素生产率与土地面积并无显著关系。

2.3.5　研究述评

综上所述，目前国内外学者对农村人口变化对于粮食生产的影响也做了较多的研究，然而，目前的研究还存在如下不足之处：

（1）随着近年来劳动力转移的趋势不断加深，一些研究开始从微观视角就劳动力外出务工对农户种植结构的影响做出初步探讨。然而，同样面对农村劳动力资源的变化，我国各省份的粮食生产也呈现出不同的演化路径，这些研究均没有考虑这种由于约束机制而导致的区域异质性。同时，就使用的数据而言，一般来说农户的生产行为较为稳定，种植结构的变动也是一个缓慢而渐进的调整过程。因此，在分析农户的生产决策及其变动时，最好能有动态变化的、一定时间跨度范围内农户的家庭特征，耕地种植结构等数据，以便识别农村劳动力资源变动对种植结构可能带来的影响，而上述研究均存在数据使用上的不足。

（2）农村劳动力外出务工对粮食生产率所带来的可能影响的相关文献中，仍存在着一定的不足。一是缺乏对劳动力流失效应的探讨，农户外出务工并不等同于农户从事农业生产的劳动力供给不足；在较易获得农机服务的前提下，农户可以增加机械要素的投入来削减家庭层面劳动力不足的影响。二是在研究对象上，现有文献多以粮食总量或某一粮食品种的单产作为研究对象，加总数据往往存在数据混淆的问题，不同作物的单产水平差异较大，因而粮食品种之间的结构变动会影响总产；而采用分品种数据的话，不同粮食作物对劳动力需求本身便存在着差异，不同作物之间也存在着机械化程度上的技术差异，现有的研究并没有比较劳动力外出务工对不同作物的影响。三是在研究视角上，对于不同地区劳动力转移对粮食生产的异质性影响关注不够，一些研究从主产区和主销区的视角分析，但对于区域异质性产生的原因没有给出合理且充分的解释。

（3）国内有关要素替代的相关文献中，采用超越对数生产函数计算替代弹性时，实证模型所包含的变量数目较多，存在着一定的共线性问题；且以要素的投入数量作为自变量进行实证分析时有着较强的内生性问题（郝枫，2015）。另外，国内很多文献在利用超越对数生产函数计算要素替代弹性时，计算公式均出现了明显的错误（王灿雄和谢志忠，2013）。

（4）关于土地流转的经济绩效的相关研究，现有文献主要集中在分析土地流转是否转移到生产效率更高的农户手中，以及土地流转对农业生产效率、土地单位总产出的影响，缺少从粮食安全的视角分析土地流转对粮食产出影响的相关文献。目前关于土地流转对粮食生产的相关研究，要么没有将租赁行为的内生性问题考虑在内，要么存在使用数据方面的局限性。

第3章　分析框架、数据来源和研究方法

本章系统地介绍了本研究的分析框架、数据来源和研究方法，主要分为三个层次：首先，从理论上分别就劳动力外出务工对农户种植结构和三种粮食作物单产水平的影响以及耕地资源再配置对粮食生产的影响作出探讨，并讨论在不同约束条件下，上述影响的区域异质性，提出本研究的主要研究假说。其次，就本研究所使用的微观调查数据进行介绍，包括但不限于调查的实施过程、样本分布等情况。最后，本章将对用来解决劳动力外出务工内生性的面板数据联立方程模型、估计替代弹性的超越对数成本函数和解决样本“自选择”问题的倾向得分匹配等方法进行介绍。

3.1　分析框架

在缺乏非农就业机会、存在大量剩余劳动力的特定条件下，为了实现利润最大化的目标，农户种植决策的理性选择是进行多样化种植，以充分利用劳动力来提高资源配置的效率（李功奎和钟甫宁，2006）。然而，随着近年来农村劳动力不断向城镇和非农部门转移，农业生产中的劳动力成本也不断上升，中国农村已不存在绝对数量的剩余劳动力，达到了二元经济理论中的“刘易斯拐点”（Zhang et al.，2011）。在这样的背景下，农户种植作物的选择及其各种作物之间

种植面积的比例也有可能在劳动力资源约束的条件下发生改变。

我国自市场化改革以来，农村劳动力越来越多地参与到了非农业部门就业中，远距离的外出务工越来越普遍。2014 年，我国农民工总量达到了 2.74 亿人次，其中，本地农民工 1.06 亿人次，外出农民工 1.68 亿人次，农民工的月均收入也达到了 2864 元①。2015 年的统计调查数据显示，我国农民的人均纯收入超过了 1 万元，其中，农民家庭收入中工资性收入超过了 40%，已超过家庭经营收入占比②。

农户劳动力外出务工在增加农民收入的同时，也对农户农业生产的劳动供给构成了冲击。一方面，劳动力外出务工显著地提升了农户的收入水平，缓解了农户的流动性约束；另一方面，外出务工导致农户劳动力供给紧缺，会制约农户在农业上的劳动力配置。随着农村青壮年劳动力持续、大规模转移到城市和非农部门，我国农业劳动力数量不断减少，从 1997 年的 3.48 亿人减少到了 2014 年的 2.28 亿人③。而且，农村青壮年劳动力流失导致农业劳动力不断老龄化和女性化。这虽然不直接减少农业劳动力数量，但由于劳动力数量和劳动量并不等同，它很可能带来实际劳动投入量的减少，或是潜在劳动供应量的减少（陈锡文等，2011）。

本章的分析框架如图 3－1 所示。

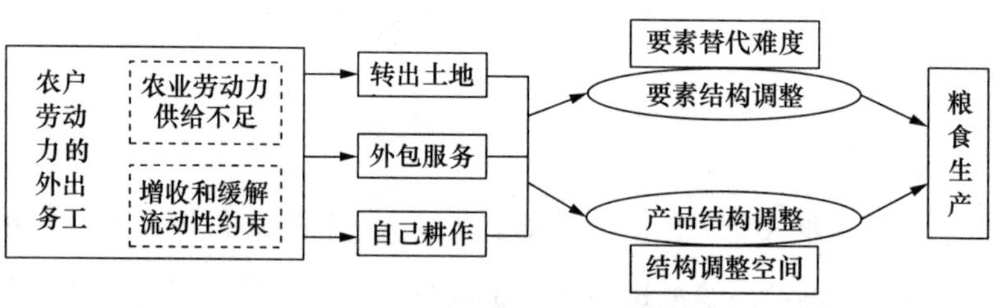

图 3－1　本章的分析框架

① 国家统计局.2014 年全国农民工监测调查报告［EB/OL］. http：//www. gov. cn/xinwen/2015－04/29/content2854 930. htm。本地农民工指在户籍所在乡镇地域以内从业 6 个月及以上的农民工。

②③ 国家统计局. 中国统计年鉴 2015［M］. 北京：中国统计出版社，2015。

农户家庭面对劳动力资源的约束，通常可以有如下应对措施：一是在既有的土地上改变农户的种植行为决策，如更多地使用外包服务通过机械化作业来降低农业生产中的劳动投入，或是改变种植结构来调整农业生产中的劳动力需求。二是将部分土地转出，降低农业生产的经营规模，以减少农业生产中的劳动力需求。上述两种应对措施对粮食生产影响的作用机制大相径庭，下文将从这两个角度出发，详细剖析劳动力外出对粮食生产的影响机制和作用机理。

3.1.1　劳动力外出务工对农户种植行为决策的影响

3.1.1.1　劳动力外出务工对农户种植结构的影响

正如上文所言，逻辑上劳动力外出务工会通过两个机制对农户农业和粮食生产产生影响（见图3-1）：一是缓解农户农业生产面临的流动性约束。这不仅会增强农户购置农业机械、购买社会化生产服务与增加农业要素投入的支付能力，而且可能直接影响农户种植结构的调整，因为相比粮食作物，多数经济作物效益高，投入也大，其生产对流动性约束更为敏感，流动性约束缓解相对有利于经济作物生产增加。二是增强农户农业劳动力供给约束。

面对农业劳动力供给约束，农户可从要素投入结构与种植结构两方面采取应对策略。

（1）优化农业生产的要素投入结构，用机械替代劳动，减少农业生产的劳动力投入。

（2）优化农地的产品配置结构，即调整粮食作物和经济作物的种植比例。一般来说，粮食作物与经济作物相比在三方面存在明显差别：一是机械化难度不同，粮食作物生产作业易于机械化，而经济作物难度较大；二是投入产出经济效果不同，粮食生产耕地密集，投入低、产出也低，而蔬菜、水果等高附加值经济作物劳动密集，投入高、经济效益也高；三是粮食生产劳动投入少且存在明显季节性，农业劳动力农闲时尚需另谋生计以增加收入，而多数经济作物劳动投入多且全年需要劳动力，年内不同时间需求也比较均匀。因此，农户如果增加粮食生产可相对减少劳动投入；如果增加经济作物生产，则需要加大投入，包括劳动力的投入，但也可以提高经济效益，而且能使家庭劳动力全年较为充分地就业。

现实中，上述两种结构调整都会受到特定约束条件的制约。①机械替代劳动这种要素投入结构调整需要面对要素替代难易度的约束。地形条件决定的耕地机械化作业适宜度是影响农业机械化发展的重要因素。地形阻隔效应的存在会降低农机田间可达性和作业便利性，提高农机服务的成本（周晶等，2013）。一般而言，平原地区的耕地宜于机械化作业，而丘陵山区农业机械化难度较大（郑旭媛，2015）。②种植产品结构调整会面临结构调整空间的约束。市场需求和销售半径是影响产品结构调整空间大小的重要因素。由于我国目前冷链等现代储运手段比较落后，生鲜产品的市场销售半径往往受限。一般来说，那些偏远的乡村地区受市场容量和储运问题限制较大，产品结构调整空间较小，结构调整会比较困难；相反，那些越是靠近大中城市的城郊农村，结构调整空间相对会越大，结构调整比较容易。

因此，面对外出务工带来的劳动力供给约束和流动性约束缓解，农户在不同约束条件下会采取不同的结构调整策略，对粮食种植面积的影响也会有所不同。同时，耕地耕种方式不同的农户，其结构调整策略和影响也不相同。在我国农村现实中，现在除了一部分农户会将自己的土地转出让别人经营外，更多农户选择的是将部分或全部生产环节进行外包。当然，也有一些农户完全自己耕种、不买任何服务，但总体数量较小。因为在平原地区，由于机械化程度高、生产社会化服务发达，耕地完全由农户自己耕作的情况极少，多数情况下会将部分生产环节外包或农地转出；而在丘陵山区，由于机械化作业难度大、生产社会化服务比较少，耕地完全由农户自己耕种的情况相对多一些。

对生产环节外包农户来说，虽然他们是服务购买方，但也需要适应农业生产服务性组织服务供给的特点。由于劳动力成本高企和雇工劳动质量监督难问题，生产服务性组织都会力求生产作业机械化和作业耕地连片以获取规模经济及降低生产成本，服务作物会更倾向于粮食作物，因为经济作物劳动和雇工投入多，且难以机械化。因此，对劳动力外出务工而需要购买服务的农户，其合理选择是适应社会化服务供给的特点，扩大粮食作物的生产。但上述作用会受到机械要素替代可能性的影响，机械替代劳动难度大的情况下，这种促进作用会被弱化。如在耕地不适宜机械耕作的丘陵山区，粮食生产也难以应用大中型机械，只能尽量使用中小型农机具，生产社会化服务供给也会较少。当地农户的一种选择是尽量通过机械化和增加粮食作物来降低劳动力投入，另一种选择转向种植高、投入高、产出高的经济附加值作物。这两种选择的综合效应是否增加粮食种植有一定的不确定性。不过，后一种选择的产品结构调整会受到结构调整空间的限制，靠近城郊地区结构调整比较容易些。由于从整个市场看高经济附加值作物产品市场容量较小，后一种选择在多数情况下会少于前一种，因此，即便在丘陵山区，外出务工更大概率是促进粮食种植增加，但其促进作用相对平原地区会被弱化。此外，在城郊农村，这种促进作用也会被弱化。另外，对完全自己耕种、不买任何服务的外出务工农户来说，他们主要集中在丘陵山区，外出务工对粮食种植的影响机制与上述外包服务农户的情况较为类似，但外出务工对粮食种植的促进作用被弱化的程度会更严重，甚至可能导致影响作用变为负向的。综合生产环节外包农户和完全自己耕种农户的情况看，由于我国粮食主产区的粮食产量占到我国粮食总产量的75%左右（蒋黎和朱福守，2015），并且粮食主产地区主要在耕地坡度较低、土地条件相对较好的地区（郑旭媛等，2015），因此，外出务工总体上还是会导致粮食播种面积的增加，但这种强化作用在丘陵山区相对而言会被弱化，在城郊农村也会被弱化，如表3－1所示。

综上分析，本研究提出以下三个需要进一步实证检验的研究假说：①当耕地适宜于机械化作业时，农户劳动力外出务工会促进粮食生产。②要素替代难易度会影响外出务工对粮食生产的促进作用。在耕地越不易于机械替代劳动的地区，劳动力外出务工对粮食生产的促进作用越弱。③产品市场容量等结构调整空间会影响外出务工对粮食生产的促进作用。经济作物产品市场容量越大，结构调整空间越大，外出务工对粮食生产的促进作用越弱。

表 3 – 1　不同地形条件下农户机械采用情况①

	耕地			播种			收割		
	平原（%）	丘陵山区（%）	t – test	平原（%）	丘陵山区（%）	t – test	平原（%）	丘陵山区（%）	t – test
小麦	99.44	93.00	0.029	83.91	41.51	0.000	90.48	75.40	0.000
水稻	98.25	94.80	0.075	23.00	7.52	0.000	86.16	65.34	0.000
玉米	82.82	72.92	0.000	87.04	32.33	0.000	74.00	21.74	0.000

为定量分析农户劳动力外出务工对农户种植结构的影响，本研究根据作物本身的劳动投入密集程度和比较效益状况将作物分成粮食作物、高附加值作物与其他一般作物三类。我国粮食作物主要包括水稻、小麦和玉米，经济作物主要有棉、油、麻、丝、茶、糖、菜、烟、果、药等。如果简单将经济作物作为粮食的替代，认为其相对于粮食劳动投入更多、经济效益更高，过于笼统且不当。但是，不同类别的经济作物与粮食作物之间的相对收益呈现出不同的演变规律。一方面，随着近年来国内外农产品市场整合程度的不断提高，国内外大宗农产品价格联动性的日益加深，国内外市场之间的巨大价差使得国内诸如棉花和油菜在内的一些传统经济作物受到了巨大的冲击，而国内主要粮食作物的价格稳中带升，农户种植棉花和油菜这些传统经济作物的比较收益正在不断下降。另一方面，随着居民收入水平的上升，居民膳食结构的升级改善加大了对蔬菜和水果等高附加值作物的需求，市场需求结构的变化导致种植该类作物的相对收益要远高于棉花和油菜这些传统的经济作物。蔬菜、水果、蚕桑、茶、烟等经济作物确实不仅劳动投入密集，经济效益也较高，但像棉花、油菜等一些经济作物不仅比较效益低于粮食，还在不断下降。本书根据《全国农产品成本资料汇编》中不同作物近年来的亩均劳动力投入和亩均现金收益的数据（见表 3 – 2），本研究将作物分成了粮食、高附加值作物（包括蔬菜、水果、蚕桑和烤烟②）和其他一般

① 由于无法获取多年的要素投入价格数据，因此在用面板数据分析要素替代的难易程度时，本书主要以地形条件作为要素替代难易度的代理变量。描述性统计分析也表明了不同地形条件下农户机械采用情况存在着显著差异。

② 由于固定观察点数据没有明确列示茶叶的生产面积，本书实证分析只得将茶叶归入一般作物。

作物。

表3-2 各年份农作物亩均劳动力投工量和亩均收益

投工量（人）	稻谷	小麦	玉米	大豆	油菜	棉花	蚕桑	苹果	蔬菜
2013年	6.87	5.03	6.6	2.88	7.86	19.44	46.91	37.89	32.8
2012年	7.2	5.16	6.95	3.04	7.91	20.42	48.18	40.37	33.84
2011年	7.6	5.58	7.18	3.13	8.03	20.29	48.62	40.32	35.64
2010年	7.82	5.64	7.33	3.43	8.15	21.82	47.28	43.69	38.42
2009年	8.35	5.81	7.5	3.94	8.12	21.8	46.4	42.3	38.03
平均	7.568	5.444	7.112	3.284	8.014	20.754	47.478	40.914	35.746
现金收益（元）	稻谷	小麦	玉米	大豆	油菜	棉花	蚕桑	苹果	蔬菜
2013年	734.74	460.64	680.69	383.92	518.17	1223.71	3278.42	3246.72	2852.27
2012年	797.47	437.13	730.79	435.44	438.89	1281.79	3119.89	4026.89	2455
2011年	780.69	459.95	686.04	372.54	417.7	1121.34	2917.71	4611.99	2557.67
2010年	650.31	419.29	584.42	378.42	334.9	1773.91	2559.34	5031.68	2776.89
2009年	545.5	392.44	462.11	312.43	307	970.21	1632.37	2941.28	2087.83
平均	701.74	433.89	628.81	376.55	403.33	1274.19	2375.07	3971.71	2545.93

数据来源：《全国农产品成本收益资料汇编2014》

各地区粮食作物和替代作物的选取是分析作物间相对收益对种植结构影响的关键。一些研究笼统地将经济作物认定为粮食作物的替代作物，但并不是所有经济作物都可以成为粮食作物的替代作物，而且不同区域由于气候条件、耕作制度上的差异，不同区域间的替代作物也不尽相同。本研究根据不同省份在耕作制度和种植规模上的差异，确定了粮食作物和高附加值作物相对应的替代作物，以精确分析和反映作物之间的竞争关系。另外，由于作物的替代作物往往不止一种，本研究借鉴钟甫宁和胡雪梅（2008）的做法，将不同替代作物的亩均收益用其播种面积为权重加权处理成为一种替代作物。

然而，农户种植决策的选择不仅仅取决于家庭劳动力的资源状况及不同作物之间的相对收益，外部条件也很重要。通常认为，资源禀赋条件是形成一个地区农户种植结构的基础。在此基础之上，农户的生产决策还受到家庭人口特征、道路等交通基础设施因素的影响。本研究同样将这些因素以控制变量的形式纳入回归方程，考察这些因素对农户种植结构所可能产生的影响。

3.1.1.2　劳动力外出务工对粮食单产水平的影响

正如上文分析所言，就农业生产而言，劳动力向非农部门转移提高了家庭的收入水平，有利于缓解农户的资金约束，可能会促使农户进行生产性投资、增加要素投入或采用新的改良品种，进而对粮食生产的单产水平产生正向影响，即“流动性约束释放效应”；另外，劳动力向非农部门转移减少了农户家庭农业生产的潜在劳动供给，在农村劳动力市场不完善及其农业生产雇工难以监督的情况下，劳动力转移对农业生产可能会存在一定的负面影响，即“劳动力流失效应”。而劳动力转移对家庭农业生产活动影响的净效应取决于这两个效应的相对大小。

本研究意在分析农村劳动力外出对粮食生产的影响，因此下文重点就上述的“劳动力流失效应”做出相关探讨。随着近年来农村劳动力市场逐步完善，劳动力转移的规模不断扩大，农村“老龄化”、“女性化”的趋势不断加剧，农业生产中的劳动力成本不断上升。根据诱致性技术变迁理论，农户受要素相对价格变化的诱导，去寻找那些能替代日益稀缺的生产要素的技术。劳动力成本的不断上升促进了农机作业服务市场的发育，面临劳动力供给不足的农户可以以较低的成本获取农机服务，使用机械对劳动力进行替代，以抵消家庭层面劳动力不足的困境。另外，外出务工缓解了农户农业生产面临的流动性约束，同时也会增强农户购置农业机械、购买社会化生产服务与增加农业要素投入的支付能力。因此，机械是否能够有效地替代劳动力是分析“劳动力流失效应”的关键所在。

本研究通过构建一个简单的农户模型用来说明机械对劳动力的替代及其对粮食生产的影响。为了方便后续的讨论，本研究假定农户只进行粮食生产且不从事非农就业，要素投入主要考虑农业生产的机械投入和劳动力投入，则农业生产的利润函数可以表示为：

$$\pi = P_g F(L, M) - P_l L - P_m M \tag{3-1}$$

式中，π 代表粮食生产的利润，P_g 为产出品的价格，$F(L, M)$ 代表粮食的生产函数，P_l 为劳动力的价格，L 为劳动力投入水平，P_m 为机械价格，M 为机械投入水平。

利润最大化的一阶条件则可表示为：

$$P_g \frac{\partial F(L,\ M)}{\partial M} - P_m = 0 \tag{3-2}$$

$$P_g \frac{\partial F(L,\ M)}{\partial L} - P_l = 0 \tag{3-3}$$

根据式（3－2）和式（3－3）可以解出在要素市场完全的情况下，最优的劳动力投入水平 L^* 和机械投入水平 M^*。考虑到农户外出务工就业具有一定的连续性，因此现实中，家庭劳动力无法在农业生产中和非农就业中进行自由配置。另外，劳动力市场的不完善使得农业生产中的雇工比例依然较低，而农业生产的季节性更使得在用工高峰期要么一工难雇，要么雇工价格非常高。因此较为现实的选择是雇佣机械服务来替代劳动力。当然，机械服务的要素市场也并不完全，我们假设农户在实际生产中的劳动力投入和机械投入分别为 L^0 和 M^0，那么，农户由于要素市场不完善而导致的利润损失可以表示为：

$$\Delta\pi = -\int_{L^*}^{L^0}\left(\frac{\partial F(L,M)}{\partial L} - P_l\right)dL + \int_{M^0}^{M^*}\left(P_g \frac{\partial F(L,M)}{\partial M} - P_m\right)dM \tag{3-4}$$

式中，等号右边第一项表示由劳动力不足带来的损失，等号右边第二项表示由增加机械使用带来的补偿效应。

从式（3－4）中可以看出，劳动力流失效应对粮食生产的影响大小在很大程度上取决于机械替代的可能性。如果一个区域的农机服务市场较为完善，农户又能够以较为低廉的价格在农业生产的各个环节均能获取农机服务，那么农机不但大大降低了农户在粮食生产中所需投入的劳动用工及劳动强度，并且可以有效弥补由劳动力不足所带来的损失，则劳动力流失并不必然影响粮食生产率的下降。然而，如果一个区域的农户因为种种原因无法以较低的价格获取农机服务，例如在很多山区和丘陵地带由于地形阻隔使得机械无法有效替代劳动力，在保持一定种植面积的情况下，维持粮食生产仍需要投入大量劳动力，且对劳动者的体力要求也很高。在这种情况下，式（3－4）中的增加机械使用带来的补偿效应就非常小，很有可能给粮食生产带来一定的负面影响。因此，机械无法有效替代劳动力的地区，劳动力转移对粮食的单产水平可能存在一定的负向影响。一些研究表明，在农业生产中，由于各个地区自然资源、经济条件上的差异，机械与劳动力之间的替代弹性确实存在着一定的区域异质性（尹朝静等，2015），因此我们可以推论的是，劳动力转移对粮食作物生产率的影响因机械替代可能性的差异而表现出一定的区域异质性。

除了不同区域机械替代的可能性存在差异以外，生产要素之间替代程度往往因作物品种而异，不同品种在不同生产环节上机械替代的难易程度也是决定劳动力流失负面作用的重要因素。通常我们认为，以粮食作物为代表的土地密集型作物较劳动密集型作物而言，生产的资金（尤其是机械）更容易对劳动进行替代，但实际上粮食内部各品种之间的机械化程度也存在着一定的差异。从现有的技术水平看，小麦生产过程中的机械化程度较高，已经能够在一定程度上实现全程机械化；而水稻和玉米的机械程度相对较低，比如水稻在插秧播种环节、玉米在收割环节的机械化则较难，这些环节依然需要较多的劳动力，因此劳动力转移对不同作物的影响可能存在差异，进而有必要对不同粮食作物分开进行讨论，可以在一定程度上避免采用加总数据（粮食单产通过三种粮食作物的总产除以三种粮食作物的总播种面积）所带来的混淆结果。

3.1.2 耕地资源再配置对粮食生产的影响

农村人口的变化促进了农村土地租赁市场的发展，在利润最大化的驱使下，农户开始逐渐调整自己的生产经营规模，因此，这种由未来农村劳动力外出引起的生产经营方式的转变对于粮食生产的潜在影响也值得深度评估。本研究意在从种植结构和粮食单产的角度，分析土地流转对粮食生产的影响。就土地流转对农户种植结构的影响，上文在分析劳动力外出务工对种植结构的影响时已经提及。下文分析耕地资源再配置对粮食单产水平的影响。

耕地资源再配置对粮食单产水平的影响则较为复杂。土地流转可以通过如下几个机制对农户的粮食生产的单产水平产生作用。从理论上而言，土地流转通常存在着“边际产出拉平效应”，这种效应能够使得土地在拥有不同边际产出的农户之间进行再配置，土地边际生产率较高、种粮经验较为丰富的农户会进一步转入土地，土地将从“低效率”的经营者手中转移到“高效率”的经营者手中，进而提高农业生产率和生产效率（姚洋，2000；Deininger and Jin，2005）。这一点已经被很多来自发展中国家的经验研究所证实（Jin and Deininger，2009；Deininger et al.，2013；陈海磊等，2014）。如果从这一视角出发，土地从“低效率”的农户手中流转到“高效率”的农户手中，“高效率”的农户能够充分发挥自身在生产能力上的优势充分利用土地资源，并可以充分利用先进的农业生产技术，在这样的情形下，土地流转则会促进粮食单产水平的提升。另外，现有研究均表明土地细碎化对粮食生产有着显著的负向影响（万广华和程恩江，1996；秦立建等，2011），如果土地流转发生在邻近地块之间，则土地流转能够改善农户土地细碎化经营的现状，进而也会对粮食产出水平产生一定的正向影响。

然而理论上而言，土地流转也有可能通过如下机制对粮食生产产生一定的负面影响。土地租赁市场的不断发展将逐渐改变家庭联产承包责任制以来土地均分的现状，使得农户在土地经营规模上产生很大的差异。一些农户将耕地转出甚至退出农业生产，而一些农户扩大生产经营规模，演变为专业的生产大户。然而，这种由土地流转导致农户生产经营规模的变动对粮食单产可能会产生一定的负面影响。发展经济学文献所发现的一条普遍经验规律为，农地经营规模与土地生产率之间存在反向关系，即土地经营规模越大，土地生产率越低，因此有学者担心土地的规模经营很有可能会危及到国家的粮食安全（任治君，1995）；出于提高粮食产量而鼓励规模经营的措施或许并不能实现其政策目标（许庆等，2011）。虽然规模经营户其农地的连片程度和平整程度要高于小农户，有利于效率更高的大型农机运作，大功率机械的深松作业能够打破犁底层，增强了土壤蓄水保肥的能力，对提升作物产量有着显著的促进作用。但就目前中国的农地资源禀赋而言，能使用大型机械的区域主要集中在东北等地，具有一定的局限性。因此，结合上文的分析以及规模经营可能存在的“逆向关系”，土地流转对粮食单产水平的影响并不能确定。

3.2 数据来源

3.2.1 农户微观调查数据

本研究所需的农户微观层面数据主要包括农村劳动力转移情况、农户家庭的禀赋特征、农业生产的投入产出、家庭人口信息等数据。可用的数据来源有以下几处：

来源一：本研究的一部分数据来源于农业部农村经济研究中心固定观察点。农村固定观察点于1986年由中央农研室牵头建立，每年底按统一口径全面收集所有样本村和样本农户的相关信息和数据。目前样本分布于全国除港澳台以外的31个省份，每年调查农户达2万户以上，350个行政村，具有很好的代表性。农村固定观察点中包含了家庭成员的构成和就业情况、农业生产经营活动情况等相关信息，有助于我们深入判别农村劳动力外出务工对粮食生产的影响。就数据库使用的权限而言，由于农村固定观察点并没有对其数据进行全方位开放，在作者撰写本书时可以利用的常规调查数据只更新到2011年，因此本研究在分析劳动力外出务工对农户种植结构的影响时，采用的是2004~2011年的农户调查数据。

来源二：在固定观察点数据的基础之上，国际食品政策研究中心（International Food Policy Research Institute，IFPRI）委托农村固定观察点于2014年5月中旬至8月下旬对其中8个省（这8个省分别为黑龙江、江苏、浙江、江西、山东、湖北、四川和甘肃）又开展了一次补充调查，并就城镇化、劳动力转移与粮食生产所需的相关变量进行了补充，丰富了研究所需的信息量。例如，该调查补充了农户粮食生产各环节的劳动用工和机械利用情况的相关信息，便于我们比较不同地区农户的机械替代劳动力的可能性，从而对劳动力转移对粮食生产的区域异质性做出探讨，为我们的深入研究提供了翔实的数据资料，最终获得5622个样本信息。本研究在附录中报告了本研究所涉及的相关部分问卷内容。就使用的数据而言，为了匹配本次补充调查，农村固定观察点为此开放了2013年这8个省份的常规调查数据供本研究使用。因此，本研究在分析劳动力外出务工对粮食单产的影响时，采用的是2013年8个省份的常规调查和补充调查，并进行匹配。

3.2.2 其他数据

本研究在描述农村人口变化、劳动力成本变动趋势、粮食生产的劳动力投入等情况以及从省级层面分析劳动力转移对粮食生产的影响时，还使用到如下数据库中的资料：历年《中国统计年鉴》、历年《全国农产品成本收益资料汇编》、历年《中国农业年鉴》、历年《中国农村住户调查年鉴》等和作者参与的“2014年新型农业经营主体培育与发展项目”的部分数据。

3.3 研究方法

3.3.1 计量模型

3.3.1.1 工具变量法

本研究在分析劳动力外出务工对农户种植结构的影响时，通过构建以下农户种植结构决策非观测效应综列数据模型来检验上文的研究假说：

$$Y_{it} = \alpha + \beta L_{it} + X_{it}\gamma + \mu_i + \varepsilon_{it} \tag{3-5}$$

式（3-5）中，被解释变量Y_{it}表示农户i在t年的种植决策，分别用两个指标测度：一是农户粮食作物播种面积比例，二是高附加值作物播种面积比例①。

① 根据《全国农产品成本收益资料汇编》上农产品每亩净利润和成本利润率的全国平均水平，本书将蔬菜、水果、蚕桑、烤烟定位高附加值作物。在分析框架中已经讨论过此种分类的依据。

L_{it}是关键解释变量，为农户家庭外出务工（到本县之外务工）占家庭劳动力的比例。X_{it}为一组影响农户种植决策和结构的控制变量，包括农户家庭的资源禀赋条件（家庭劳动力的平均年龄、家庭劳动力的平均受教育年限、家庭劳动力人数、劳动力人数占家庭总人口数比重、实际经营耕地面积，生产性资产拥有状况）、村庄地理位置（离公路干线距离）、替代作物收益比等。μ_i 是农户级非观测效应，控制农户层面因户而异但随时间不变的、影响农户种植结构决策的不可观测因素。ε_{it}是特异扰动项，控制农户层面因户而异因时也变化的不可观测因素。α，β，γ 是模型待估参数。

另外，根据前文讨论，机械替代劳动力的难易度与结构调整空间是影响农户在劳动力资源紧缺时采取不同调适行为的约束条件，为此，本研究用地形特征 T（农户所处地区属于平原还是丘陵山区来区分）代理机械替代劳动力的难易度，用区位条件 R（农户所处地区在城郊地区[①]还是非城郊乡村地区来区分）代理产品市场容量这类结构调整空间，然后在模型（1）中分别添加了农户外出务工劳动力比例与地形特征和区位条件的交互项 L^*T 和 L^*R，形成了模型（3－6），并通过检验模型（2）中两交互项的显著性来检验约束机制的影响。

$$Y_{it}=\alpha+\beta_1 L_{it}+\beta_2 L_{it}T_{it}+\beta_3 L_{it}R_{it}+X_{it}\gamma+\mu_i+\varepsilon_{it} \tag{3-6}$$

式（3－6）中，T_i 表示农户所在地区的地形特征（1＝丘陵山区，0＝平原），R_i 表示区位条件（1＝城郊，0＝乡村）。β_2，β_3 分别是研究要重点关注的参数。

模型（3－5）和模型（3－6）参数的一种通常估计方法是固定效应估计（FE－OLS）。相比只有一期数据的横截面数据模型和对模型（3－5）和模型（3－6）的混合最小二乘估计（Pooled OLS），固定效应估计可以通过从模型中消除非观测效应 μ_i 而解决部分内生性问题。但是，对于本研究，由于理论上农户外出务工决策和农业生产决策是同时决定的（Taylor and López－Feldman，2010），模型（3－5）和模型（3－6）可能还存在更一般的农户因时变化的不可观测因素导致的内生性问题。在这种情况下，FE 估计结果仍然是有偏的。为此，

---

① 城郊指地级以上城市的郊区。

本研究进一步使用了固定效应模型下的工具变量估计法（FE－IV）解决农户家庭外出务工劳动力比例的内生性问题。借鉴Taylor等（2003）的研究经验，本研究选取了村庄外出务工社会网络（用过去三年村庄外出务工人数的平均水平来测度）作为农户外出务工劳动力比例的工具变量。由于外出务工社会网络会通过示范或帮带等效应影响个体农户家庭成员的外出务工，对农户的迁移决策具有重要的影响（Zhao，1999；Zhao，2003），但却没有理由被认为会直接影响到农户的农业种植决策和结构调整行为，它只会通过影响家庭农户劳动配置决策而间接影响农户农业生产种植决策，因此，该变量在理论上被认作是一个较好的工具变量，并且被各种经验研究所采用（Taylor et al.，2003；Mendola，2008；De Brauw，2010；Atamanov and Berg，2012）。本研究在实证分析的过程中，对模型设定进行"不可识别检验"（Underidentification Test）和"弱识别检验"（Weak identification Test）等检验，以确保该工具变量的有效性。

在分析农户劳动力外出务工对粮食单产水平的影响时，本研究采用截面数据的工具变量法进行回归，其基本思路同上。另外，本研究就固定效应模型下的工具变量估计法（FE－IV）和截面数据下的工具变量法所采用的Stata命令分别为xtivreg2和ivreg2①。

3.3.1.2 倾向匹配得分法

从理论上而言，由于农户在家庭层面资本禀赋的异质性，农户的土地流转行为实际上一种"选择"的结果，而并非随机产生：比如受教育程度相对较高、家庭劳动力数目较多、土地细碎化程度严重的农户更加倾向于转出土地。如果忽视土地流转决策的"自选择"问题，会导致估计结果有偏。Rosenbaum和Rubin（1983）率先在生物统计领域提出了基于非实验方法的倾向匹配得分法（Propensity Score Matching，PSM），该方法的核心思想是，在进行政策分析或效应评估时，如果能尽可能地模拟出随机实验下处理组与控制组的情形，那么样本的选择性偏误就能被大大降低。从现有的研究来看，越来越多的文献开始采用此方法来

① 关于xtivreg2和ivreg2这两个Stata程序的介绍，具体见：https：//ideas.repec.org/c/boc/bocode/s456501.html和https：//ideas.repec.org/c/boc/bocode/s425401.html。

解决土地流转的选择性偏误问题，并用来分析土地流转对家庭收入、收入分配和劳动生产率的影响（陈飞和翟伟娟，2015；朱建军和胡继连，2015；冒佩华等，2015）。

在具体操作上，鉴于土地转入户和土地转出户在各种特征方面的差异，PSM通过不同的匹配方法用控制组或对照组（即土地转出户）的样本最大限度地模拟处理组（土地转入户）的情况，使得经过匹配处理后的土地转入户和土地转出户在家庭特征等方面不存在显著差异，构造出土地流转的“反设事实”(Counterfactuals)，进而能够得出土地流转的平均处理效应，即 ATT（Average Treatment Effect of Treated）：

$$ATT = E(Y_{1i} - Y_{0i} \mid T_i = 1) \tag{3-7}$$

$$= E\{E[(Y_{1i} - Y_{0i} \mid T_i = 1), p(X_i)]\} \tag{3-8}$$

$$= E\{E[Y_{1i} \mid T_i = 1, p(X_i)] - E[Y_{0i} \mid T_i = 0, p(X_i) \mid T_i = 1]\} \tag{3-9}$$

式中，Y_1 表示处理组结果，Y_0 为控制组结果，在本研究中分别代表土地转入户和非土地流转户的粮食生产情况状况；$T = 1$ 代表土地转入户，$T = 0$ 代表土地转出户；p（X）为“倾向得分”，在本研究中表示农户土地转入的概率，通常用 Logit 方法对其进行估计，可以用以下公式表示：

$$p(X_i) = Pr(T_i = 1 \mid X_i) = \frac{exp(\beta X_i)}{1 + exp(\beta X_i)} \tag{3-10}$$

在通过上述方法估计出各样本的倾向得分后，需要依据倾向得分的共同支撑域（Common Support）对处理组和控制组进行匹配。常见的匹配方法包括最近邻匹配（Nearest Neighbor Matching）、核匹配（Kernel Matching）、半径匹配（Radius Matching）、分层匹配（Stratification Matching）和局部线性回归匹配（Local Linear Regression Matching）等；不同的匹配方法的具体运算过程虽然大相径庭，但其内在逻辑基本一致，即通过各种方法来寻找与处理组样本的倾向得分值（PS 值）最为接近的控制组样本。本研究在实证分析环节中主要依据最近邻匹配的方法对结果展开讨论，并同时给出核匹配和半径匹配的估计结果作为稳健性检验。最近邻匹配的思想是：以估计出的倾向得分值为基础，寻找与处理组样本倾向得分值最为接近的若干个控制组样本作为匹配对象；本研究选取与处理组样本倾向得分值最为接近的 3 个控制组样本进行分析。

另外，本研究在 stata 中运用倾向匹配得分法进行分析的 stata 命令为 psmatch2①。

3.3.2 替代弹性的估计

自 Hicks（1932）首次提出要素替代弹性（Elasticity of Substitution）的概念之后，学者们对各行业、各种生产要素之间的替代弹性展开了大量的研究。要素替代弹性是反映生产要素之间相互替代难易程度的重要指标，通过测度要素替代弹性的大小来把握生产要素之间的替代关系，有助于决策者根据要素的相对稀缺程度来制定相应的应对措施，进而提高资源配置的效率。就本书而言，面对劳动力转移的趋势和不断上升的劳动力成本，农户调整生产要素投入结构的能力在很大程度上取决于劳动力与机械、化肥和土地等生产要素之间的替代关系及其替代难度。常见的要素替代弹性有 Allen－Uzawa 要素替代偏弹性（Allen Partial Elasticity of Substitution，AES）和 Morishima 替代弹性（Morishima Partial Elasticity of Substitution，MES）。

由于超越对数（Transcendental Logarithmic，Translog）函数具有很强的包容性，要素替代弹性通常可以基于超越对数函数的方法进行测度。超越对数函数有超越对数生产函数和超越对数成本函数两种形式，在实际的运用当中，考虑到超越对数生产函数在估计过程中会遇到共线性和内生性等问题，导致估计量有偏；在微观领域采用成本函数的估计方法通常可以认为要素价格是外生的，可以解决生产函数中的内生性问题（Binswanger，1974），因此更多研究采用超越对数成本函数的方法来对替代弹性（Elasticity of Substitution）进行估计（郝枫，2015）。根据 Christensen 等（1973）的研究成果，超越对数成本函数可以表示为：

$$\log C = \alpha_0 + \alpha_Q \log Q + \sum_i \alpha_i \log P_i + \frac{1}{2}\gamma_{QQ}(\log Q)^2 + \frac{1}{2}\sum_i \sum_j \gamma_{ij} \log P_i \log P_j + \sum_i \gamma_{Qi} \log Q \log P_i \quad (3-11)$$

① 关于 psmatch2 这个 stata 程序的介绍，具体见：http：//repec. org/bocode/p/psmatch2. html。

通常而言，由于上述超越对数成本函数中的变量较多，容易产生较为严重的共线性问题，因此一般而言，我们可以通过上述成本函数对要素价格求偏导，进而转向对成本份额函数进行估计。根据谢泼德引理（Shephard Lemma），我们可得：

$$S_i = \alpha_i + \gamma_{Qi}\log Q + \sum_j \gamma_{ij}\log P_j \tag{3-12}$$

式中，S_i 是要素 i 的成本份额，Q 是作物的产量，P_j 是要素 j 的价格，γ_{ij}是待估计参数；各要素成本份额函数将构成一个系统方程。根据 Uzawa（1962）和 Binswanger（1974）的研究成果，AES 的公式可以表示为：

$$\sigma_{ij} = \frac{\gamma_{ij} + S_i S_j}{S_i S_j} = 1 + \frac{\gamma_{ij}}{S_i S_j} \tag{3-13}$$

式中，σ_{ij}是要素 i 和要素 j 之间的要素替代偏弹性。要素替代偏弹性 σ_{ij}大于零时，反映了要素 i 和要素 j 之间是一种相互替代的关系；要素替代偏弹性 σ_{ij}小于零时，反映了要素 i 和要素 j 之间是一种相互补偿的关系。对于前一种情况而言，σ_{ij}的值越大，通常表明要素之间的替代性越强；通常以 $\sigma_{ij} = 1$ 为界限，将 $\sigma_{ij} > 1$ 认定为强替代关系，将 $\sigma_{ij} < 1$ 认定为弱替代关系（郝枫，2015）。AES 的理论意义是，其实际上描述的是当产出水平和其他要素价格一定的情况下，单纯由一种要素价格变化对另一种要素投入数量变化的影响（Sato and Koizumi，1973），这也是 AES 之所以被称为偏替代弹性（Partial Elasticity of Substitution）的原因。

在实际估计的过程中，根据成本最小化的函数性质，对系统方程的估计还需要添加如下约束条件：①对称性，即 $\gamma_{ij} = \gamma_{ji}$，$i \neq j$；②齐次性，即 $\sum \alpha_i = 1$，$\sum \gamma_{ij} = 0$ 和 $\sum \gamma_{Qi} = 0$。在上述约束条件下，实际仅需估计 i－1 个成本份额函数。对于由 i－1 个成本份额函数构成的系统方程的估计，本研究采用似不相关回归（Seemingly Unrelated Regression，SUR）的方法对方程进行参数估计。本书采用的是不相关回归在 stata 中的回归命令是 sureg[①]。

① 关于 sureg 这个 stata 程序的介绍，具体见：http：//www. stata. com/help. cgi？ sureg

本研究中分别选取劳动、机械和化肥投入作为粮食生产中的主要投入要素。粮食生产中的劳动力费用为家庭劳动力自用工折价和雇工费用之和（关于家庭用工劳动力的价格计算见下文）；机械费用和化肥费用分别用农村固定观察点问卷中的机械作业费用、化肥费用表示。关于生产要素的价格本研究做如下处理。就化肥价格而言，农村固定观点问卷中提供了农户种植业生产中主要用到的六种肥料的购买金额和购买数量（包括尿素、磷酸二铵、碳酸氢铵、过磷酸钙、钾肥和复合肥），本书便于数据处理不对具体化肥价格品种进行区分，用农户购买化肥的总金额除以购买化肥的总数量得到。就机械价格而言，从下文的分析中我们可以看出，农户在耕地环节使用的机械的比例最高，而其他生产环节存在一定比例的农户不使用农业机械，本研究统一使用农户接受耕地机械服务的价格来表征机械这一要素的价格。因存在少量农户由于各种原因在耕地环节并没有接受生产服务（或用自家机械进行生产），因此没有对应的机械服务价格，本研究用农户所在村庄其他农户接受农机服务的平均价格来替代这一空缺值。也有学者采用农用柴油的价格代替机械的价格，然而从下文的分析中我们可以看出，目前在粮食生产中采用外包服务农户的数量要远高于利用自有机械的农户数，因此采用农用柴油价格会存在大量的缺失值问题；而且柴油的价格并不能反映出不同地区由于机械操作难度引致的价格差异（如机械难以运行的丘陵山区，机械服务的价格会更高）。有关劳动力价格的计算方式将在下述段落中具体阐述。

在估算劳动力成本及其份额时，需要对劳动力价格进行一定程度的估算，进而才能对家庭用工的成本进行适当的折价。理论而言，农户自家劳动力的价格应该是劳动力的影子价格（Foster and Rosenzweig，2011）。然而，估算劳动力的影子价格通常而言相对烦琐，因此在实际的研究过程中，很多学者在计算农业生产的成本收益时，要么将家庭用工的劳动力成本忽略不计，要么将家庭劳动力工价用当地劳动力市场的工价替代，这两种方法会给家庭用工的成本带来不同程度的低估和高估。本书采用一种较为折中且简便的方法，对于家庭用工的折价，本研究参考《全国农产本成本收益资料汇编（2014）》的做法，将家庭用工折价均按理论劳动日工价计算，具体公式为：

（某地某年）理论劳动日工价 = 上年农村居民家庭平均每人纯收入 × 上年每个乡村从业人员负担人口数/全年劳动天数

每个乡村从业人员负担人口数 = 乡村人口数/乡村从业人员数

考虑到数据的可获性，在实际的计算过程中，上年农村居民家庭平均每人纯收入用农村固定观察点村问卷中的上年全村人均纯收入指代；乡村人口数用农村固定观察点村问卷中的年初常住人口和年末常住人口的平均数指代；乡村从业人数用农村固定观察点村问卷中的年末劳动力总数指代。对于全年劳动天数而言，本研究同样借鉴《全国农产本成本收益资料汇编（2014）》的做法，将各地区全年劳动天数设定为 250 天/年。

第4章　中国农村人口变化的特征、规律与趋势

中国农村人口变化的进程值得关注。本章的研究目的在于对中国农村人口总量、结构和城市化进程描述的基础上，增添对农村人口数量、结构及非农就业状况的描述；并着重描述农业劳动的数量和老龄化、女性化等结构特征；同时描述农业工资及农业生产中雇工工价的变化特征、规律和趋势，从整体上对中国农村人口变化的进程做出刻画。在对上述背景进行分析整理的基础上，本章节描述了人口变化背景下粮食生产中的劳动力投入的相关情况。

4.1　农村人口与城乡人口流动情况

4.1.1　农村总人口和第一产业就业人数的变动

图4－1汇报了自改革开放以来中国城乡人口总数的变化情况。从图4－1中可以看出，就中国总人口数量而言，30多年来总人口数保持着一个较为稳定的增长态势，总人口数从1978年的9.63亿人上涨到2014年的13.68亿人。就农村人口总数而言，从改革开放到20世纪90年代初期，农村人口总数呈现小幅上涨的趋势，从1978年的7.90亿人上涨到1995年的8.59亿人；而随着城镇化进程的不断推进，农村人口总数从1995年开始呈现明显的下降趋势，到2014年农村

人口总数为6.19亿人，占总人口的比重也从1978年的82.08%下降到2014年的45.23%。就城市人口数量而言，由于城市人口数量大致可以使用总人口数减去农村人口数计算而得，本研究在此不再赘述。

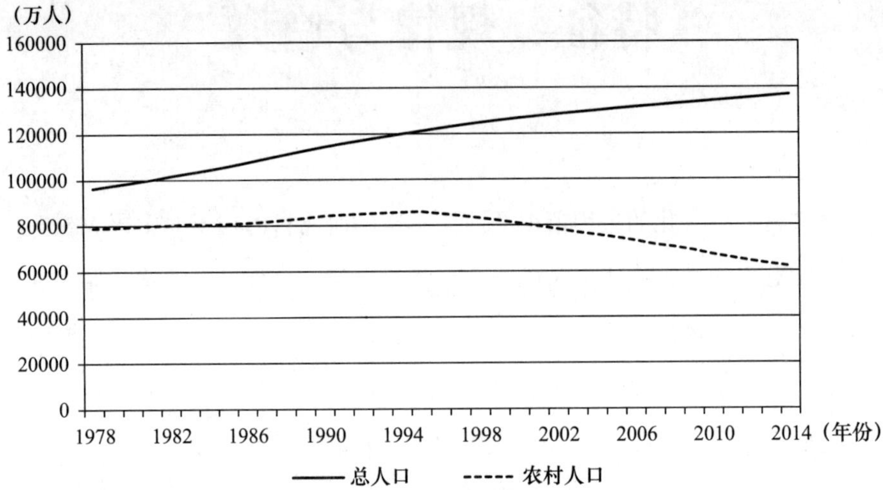

图4-1　中国城乡人口变化情况：1978~2014年

数据来源：笔者根据《中国统计年鉴》整理。

跟城乡人口变化相比，第一产业就业人数的变动跟本研究的主题更为贴切。图4-2汇报了改革开放以来我国就业人员总数和第一产业就业人数的变动情况。从整体上来看，改革开放以来第一产业就业人数大致经历了三个阶段：第一阶段，1978~1990年，第一产业就业人数呈现缓慢上涨的趋势，到1900年第一产业就业人数接近4亿人次；第二阶段，1990年到21世纪初期，第一产业就业人数呈现先下降后上升的“U”形变化趋势，但总体就业人数较为平稳，数量大体维持在3.5亿~4亿人次；第三阶段，21世纪初至今，第一产业就业人数呈现平稳下降的趋势，2014年底第一产业就业人数为2.28亿人，第一产业就业人数占就业人员数的比重也从1978年的70.5%下降到2014年的29.5%。

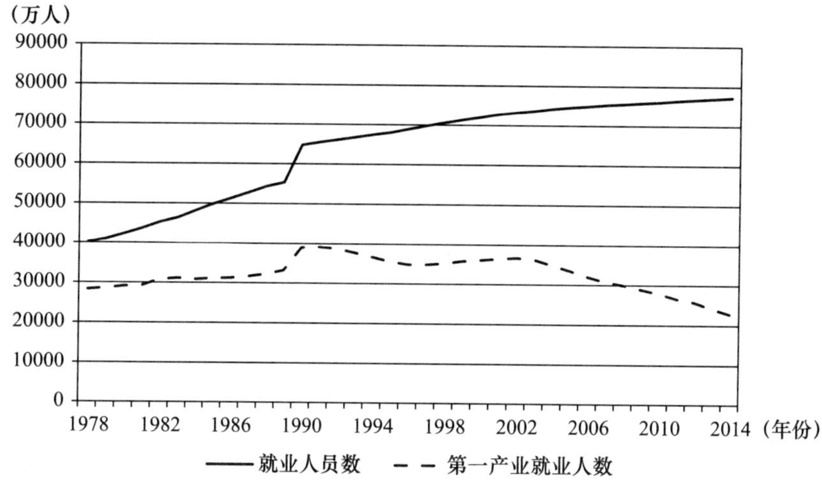

图4-2 第一产业劳动力就业人数：1978~2014年

数据来源：笔者根据《中国统计年鉴》整理。

4.1.2 城乡人口流动的特征与趋势

农村劳动力持续、单向的从农村和农业部门向城市和非农部门转移是上述农村人口变化、第一产业就业人数下降的重要原因之一。数据显示，近年来，农村到城市之间的人口单向流动依然在持续，农民工总数依然在持续增加，从2008年的2.25亿人增加到2013年的2.69亿人，其中外出务工的农民工总数从2008年的1.40亿人上升到2014年的1.68亿人，如图4-3所示。

除了外出农民工数量的变化外，城乡人口流动的相关特征也值得关注。本研究利用农村固定观察点的数据资料，分析了外出人员性别、年龄和受教育程度的特征以及外出务工的地点选择和时间变化，具体见表4-1至表4-5。

表4-1描述了外出务工人员的性别构成情况。从表4-1中可以看出，近年来外出务工的劳动力性别构成较为稳定，男性外出劳动力在总体外出劳动力中的占比围绕66%的水平上下波动，近年来几乎没有变化。这表明劳动力转移的选择性特征并没有发生明显的转变，劳动力市场上依然存在着一定程度的性别偏好；这也在一定程度上提示我们劳动力市场依然存在着完善空间，促进家庭成员的全面转移才有可能实现真正意义上的非农化。

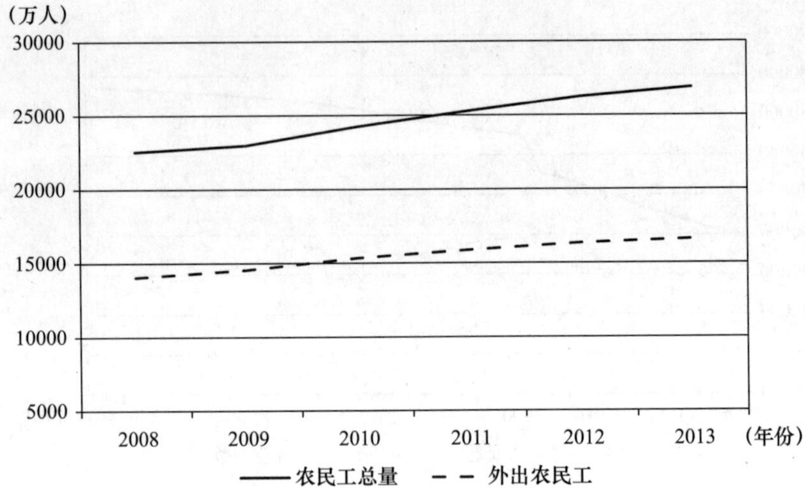

图 4 -3　近年来农民工数量的变化趋势

数据来源：《2014 年全国农民工监测调查报告》。

表 4 -1　外出人员的性别构成　　单位:%

	2004 年	2005 年	2006 年	2007 年	2008 年	2009 年	2010 年	2011 年
男性	66.60	66.29	67.09	66.98	66.18	65.45	65.57	66.49
女性	33.40	33.71	32.91	33.02	33.82	34.55	34.43	33.51

数据来源：笔者根据农村固定观察点数据整理。

表 4 -2 汇报了外出人员的年龄结构。2004 年，35 岁以下的外出劳动力占比为 71.06%，但到 2011 年该比例下降为 55.79%；而 35 岁以上的外出劳动力占比从 2004 年的 28.94% 上升到 2011 年的 44.21%。这一方面可能与年轻人的升学比例提升有关（从 16 ~25 岁劳动力占比的变动中反映），更多的年轻人选择去接受教育而非提前进入劳动力市场；抑或是劳动力市场的完善使得原本无法在劳动力市场中找到合适工作的中年劳动力又有了更多的就业机会，更多的中年劳动力进入了劳动力市场（从 45 岁劳动力占比的变动中反映）。

表 4-2　外出人员的年龄结构　　单位：%

	2004 年	2005 年	2006 年	2007 年	2008 年	2009 年	2010 年	2011 年
16~25 岁	39.23	37.08	34.51	32.97	30.53	31.12	28.53	21.92
25~35 岁	31.83	31.98	33.23	34.01	35.12	37.12	38.02	33.87
35~45 岁	16.36	17.02	17.90	17.75	18.14	18.22	19.30	21.42
>45 岁	12.58	13.92	14.36	15.27	16.21	13.54	14.15	22.79

数据来源：笔者根据农村固定观察点数据整理。

表 4-3 描述了外出务工人员的受教育程度情况。从表 4-3 中可以看出，农户受教育水平的高低依然是决定农户能否外出的重要因素之一，受教育程度为“未上过学”的劳动力占全体外出劳动力的比重几乎在 1% 的水平，且近些年几乎没有发生较为明显的变化；小学和初中教育程度的劳动力占全体外出劳动力的比重均有着小幅下降，然而这两类受教育程度的劳动力依然是占比最大的群体，分别占到 2011 年外出劳动力的 20.81% 和 61.41%；高中和大专教育程度的劳动力占全体外出劳动力的比重有着小幅上升，表明近年来劳动力市场中更偏好受教育程度高的从业者。

表 4-3　外出人员的受教育程度　　单位：%

	2004 年	2005 年	2006 年	2007 年	2008 年	2009 年	2010 年	2011 年
未上过学	1.10	1.11	1.17	1.32	1.03	1.25	0.84	1.04
小学	21.80	21.61	20.83	19.67	18.79	17.96	17.51	20.81
初中	65.93	65.34	64.92	64.84	65.12	64.16	64.28	61.41
高中	9.33	9.84	10.76	11.15	11.88	12.70	13.04	12.06
大专及以上	1.84	2.10	2.33	3.01	3.18	3.93	4.33	4.68

数据来源：笔者根据农村固定观察点数据整理。

务工人员的流向也值得我们关注。表 4-4 汇报了从村级层面上统计的务工人员的务工地点选择。从表 4-4 中可以看出，近年来在县内打工和在县外省内打工的比例先有小幅下降，然后又表现出一定的上升趋势；而在省外打工和在国外打工却表现出前期上升，但近些年又逐渐下降的趋势。表4－4的数据可能反映出随着居民收入水平的提升，务工人员越来越难以忍受与家庭成员长时期的两地分离，倾向于在离家较近的地点寻找非农就业机会。

表4－4　务工人员的务工地点选择　　单位：%

	2004年	2005年	2006年	2007年	2008年	2009年	2010年	2011年
县内	32.63	32.23	29.80	34.12	34.33	34.92	34.12	35.73
县外省内	28.41	26.45	26.66	26.00	26.08	27.05	27.34	27.60
省外	35.45	36.00	37.47	34.31	34.05	33.24	33.79	32.79
国外	3.51	5.32	6.07	5.57	5.54	4.79	4.75	3.88

数据来源：笔者根据农村固定观察点数据整理。

表4－5汇报了家庭外出务工劳动力的外出时间的变化情况。从表4－5中可以看出，从家庭层面上看，家庭成员外出务工的总时间正在不断增加。这或许与劳动力市场提供的就业岗位的稳定性有关，或与外出劳动力的城市融入程度的提升有关。

表4－5　外出务工人员的外出时间变化　　单位：工

	2004年	2005年	2006年	2007年	2008年	2009年	2010年	2011年
外出务工时间	253.23	258.00	259.19	261.77	260.76	270.95	271.38	277.09

数据来源：笔者根据农村固定观察点数据整理。

4.2　农村人口老龄化、女性化的现状判定

农村优质劳动力由农村向城镇和非农部门的选择性转移使得留守于农村的人口主要是那些无法转移的老年劳动力和女性劳动力。就单个农户家庭而言，劳动

力的外出务工改变了家庭其他成员的劳动供给行为。以往的研究主要集中在对留守人口的年龄结构和性别结构的描述上，而缺乏对留守老年劳动力、女性劳动力投入的详细分析，尤其是在人口变化背景下对于粮食生产的劳动力投入分析。介于此，本小节利用多组数据库，分析老年劳动力和女性劳动力在从事农业生产和粮食生产中的劳动力投入及其占比情况，为农村人口老龄化和女性化的现状提供一定的经验证据。

4.2.1　农村人口老龄化的现状分析

本研究从三个维度来反映农村人口老龄化的现状。一是村庄层面的从事农业劳动人口中 60 岁以上人口的比例；二是老年人参与农业劳动的时间及其占家庭总农业劳动时间的比例；三是粮食生产中老年劳动力投入占比，力图采用多套数据、多个指标对农村人口老龄化的现状进行交叉判断和相互验证。图 4－4 是利用作者参与新型农业经营主体培育与发展项目调查的数据，根据村级层面从事农业劳动人口中老年人的比例所画。图 4－4 的数据显示，60 岁以上人口参与农业劳动的比重占从事农业劳动人口的比重从 2003 年的 28.86% 上升到 2013 年的 32.34%，从村庄层面上看，从事农业生产的劳动力中有 1/3 是 60 岁以上的老年人口。

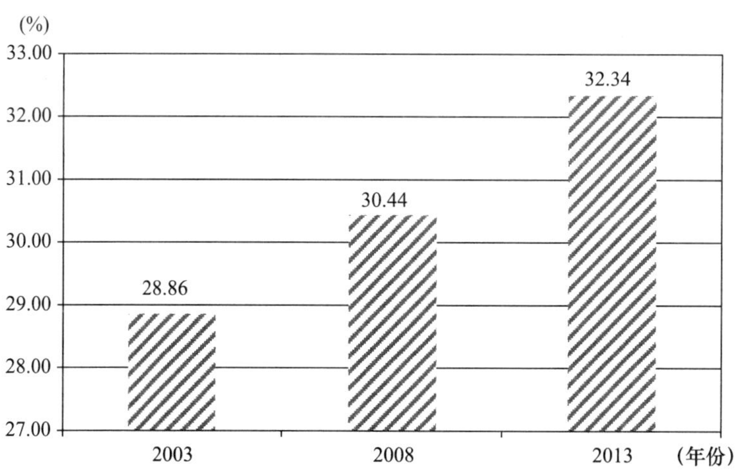

图 4－4　从事农业劳动人口中老年人的比例

数据来源：笔者根据新型农业经营主体培育与发展项目调查整理。

相较于参与农业劳动的人口数量占比而言，从事农业生产的劳动时间及其占比的变动更能反映老年人在农业生产中的投入情况①。表 4 – 6 汇报了 2004 ~ 2011 年家庭总农业劳动时间、老年人总农业劳动时间和老年人农业劳动时间占总农业劳动时间的比例。首先，从总体上看，农村固定观察点的数据显示近年来家庭总农业劳动时间正在不断下降，从 2004 年的 309.79 天下降到 2011 年的 224.86 天。这表明随着农村人口外流、劳动力成本的上升，农户家庭作为一个生产决策单元配置于农业生产中的时间越来越少。然而在家庭总农业劳动时间大幅下降的同时，家庭 60 岁以上老年人的总农业劳动时间却并没有随着同比例大幅下降，2004 年家庭老年人的总农业劳动时间为 93.43 天，到 2011 年这个数值为 87.70 天，下降比例仅为 6.14%。这种变化导致了老年人农业劳动时间占总农业劳动时间的比例近年来不断上升，从 2004 年的 30.16% 上升到 2011 年的 39.00%。

表 4 – 6 从整个家庭农业生产的角度汇报了老年人劳动时间及其占比的变动。图 4 – 5 汇报了三种粮食作物中不同年龄段劳动力的投工占比情况；其中，青年人是指 40 岁以下的男性劳动力和女性劳动力，中年人是指 41 ~ 59 岁的男性劳动力和41 ~ 54 岁的女性劳动力，老年人是指 60 岁及以上的男性劳动力和 55 岁及以上的女性劳动力。从图 4 – 5 中可以看出，老年人在三种粮食作物生产中的劳动力投入占比均在 40% 左右，且三类粮食作物之间老年人投工占比并没有较大差别；而 40 岁以下的青年人在三种粮食作物生产中的劳动力投入占比均在 10% 左右，青年人从事粮食生产的比重非常低。

表 4 – 6　老年人参与农业劳动情况

	2004 年	2005 年	2006 年	2007 年	2008 年	2009 年	2010 年	2011 年
家庭总农业劳动时间（工）	309.79	301.70	285.09	268.64	259.96	255.94	237.04	224.86
老年人农业劳动时间（工）	93.43	94.66	96.41	97.39	95.62	91.66	88.45	87.70

① 这里的农业劳动时间包含种植业和养殖业的劳动时间。

续表

	2004 年	2005 年	2006 年	2007 年	2008 年	2009 年	2010 年	2011 年
老年人农业劳动时间占总农业劳动时间的比例（%）	30. 16	31. 38	33. 82	36. 25	36. 78	35. 81	37. 32	39. 00

数据来源：笔者根据农村固定观察点数据整理。

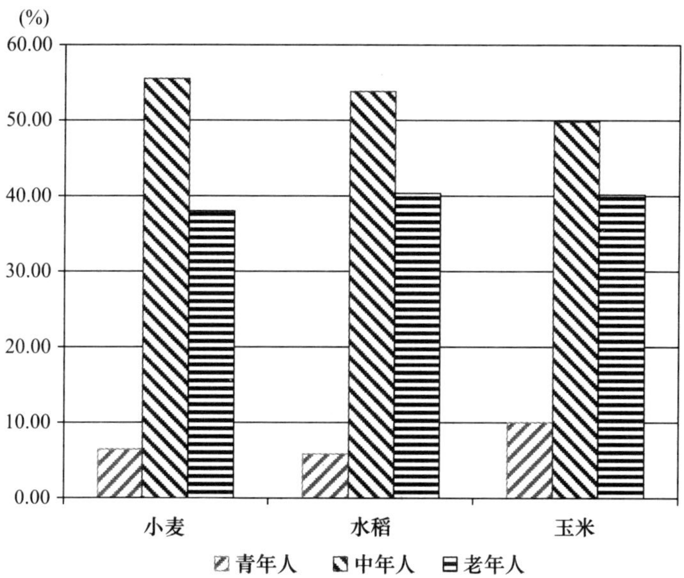

图 4 -5　粮食生产中各年龄段劳动力投入占比

数据来源：笔者根据 IFPRI 补充调查数据整理。

本部分利用多组数据库进行的描述性分析表明，农村人口老龄化，尤其是投入农业生产的劳动力老龄化的趋势十分明显。在粮食生产中，老年人投入的劳动占比已经达到 40%。

4. 2. 2　农村人口女性化的现状分析

本研究从两个维度来反映农村人口老龄化的现状。一是村庄层面的从事农业劳动人口中女性劳动力的比例；二是粮食生产中女性劳动力投入占比，力图采用多个指标对农村人口女性化的现状进行交叉判断和验证。图 4 - 6 是利用作者参与新型农业经营主体培育与发展项目调查，根据村级层面从事农业劳动人口女性劳动力的比例所画。图 4 - 6 的数据显示，女性劳动力参与农业劳动的比重占从事农业劳动人口的比重从 2003 年的 44. 24% 上升到 2013 年的 46. 33%。相较于农村人口老龄化而言，农村人口女性化的增长幅度似乎要更慢一些。

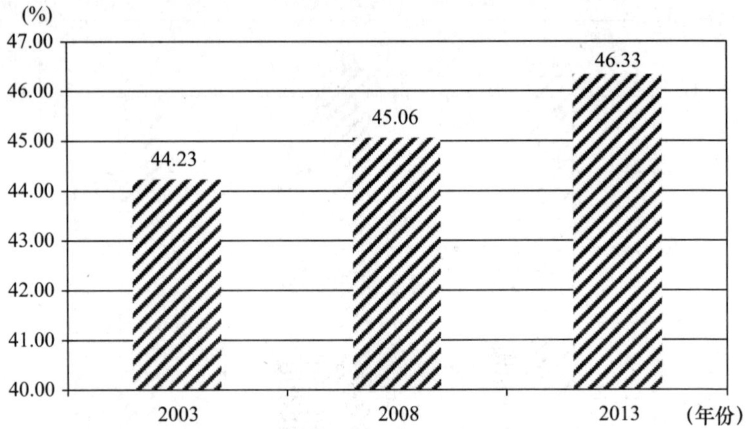

图 4 - 6　从事农业劳动人口中女性劳动力的比例

数据来源：笔者根据新型农业经营主体培育与发展项目调查整理。

图 4 - 7 汇报了三种粮食作物中不同性别劳动力的投工占比情况。从图 4 - 7 中可以看出，女性劳动力在三种粮食作物生产中的劳动力投入占比均在 40% 左右。虽然从事农业的女性劳动力比重在不断上升，但在粮食生产中，男性劳动力的投工量占主导地位。从生产实践中我们也能发现，如果机械不能较为有效地对劳动力进行替代，那么农业生产还需要一定的劳动强度，女性主要从事打药、除草等劳动力强度较小的工作，在农业生产中依然充当着辅助角色。

本部分的描述性统计表明，女性劳动力占农村劳动力的比重正在不断加深，但增长速率要显著低于农村人口老龄化的速度。在粮食生产中，女性劳动力的投入占比为四成左右。

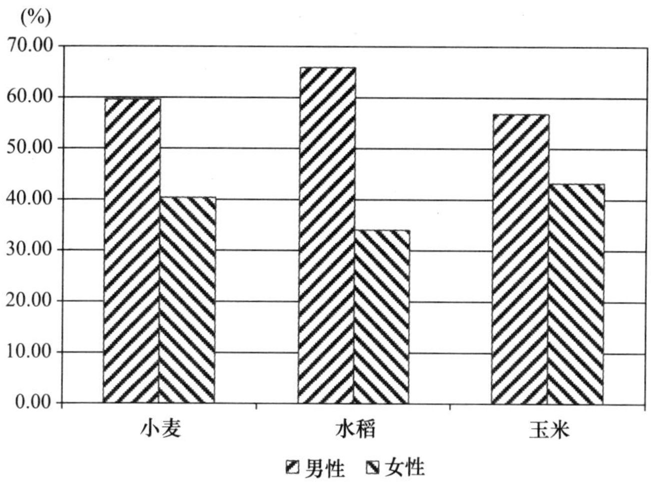

图4-7 粮食生产中不同性别劳动力投入

数据来源：笔者根据IFPRI补充调查数据整理。

4.3 农村劳动力成本的变动及趋势

农村劳动力大量地向城市和非农部门转移大大减少了农业部门的潜在供给在一定程度上抬高了劳动力成本。本研究从两个维度来展示农村劳动力成本的上升趋势。一是农民工的收入水平及其变动趋势，其反映了农户在家从事农业生产的机会成本；二是农业生产中的雇工工价，其直接反映了农业生产中的劳动力成本。

4.3.1 农民工收入水平的变动

从表4-7中可以看出，近年来农民工的收入水平得到了快速增长。农民工名义人均月收入从2008年的1340元上涨到2014年的2864元，收入水平实现了翻倍增长，平均年增速为18.96%。从东中西部各地区的情况看，各个区域的收入水平增速均较为显著，东部地区农民工收入水平要略高于中西部地区农民工收入水平，中西部地区农民工收入水平基本持平。

表 4－7　各地区农民工人均月收入　　单位：元

	2008 年	2009 年	2010 年	2011 年	2012 年	2013 年	2014 年
东部地区	1352	1422	1696	2053	2286	2693	2966
中部地区	1275	1350	1632	2006	2257	2534	2761
西部地区	1273	1378	1643	1990	2226	2551	2797
合计	1340	1417	1690	2047	2290	2609	2864

数据来源：笔者根据历年《全国农民工监测调查报告》整理。

表 4－7 反映了总体农民工的收入变动，包括了在本地从事非农就业的农民工和外出就业农民工两部分。图 4－8 是利用农村固定观察点数据所做的外出务工农民工的年收入水平。存在劳动力外出的农户家庭，其外出务工的名义收入水平从 2004 年的 6531.25 元上升到 21011 年的 16717.74 元，七年间增长了将近两倍。

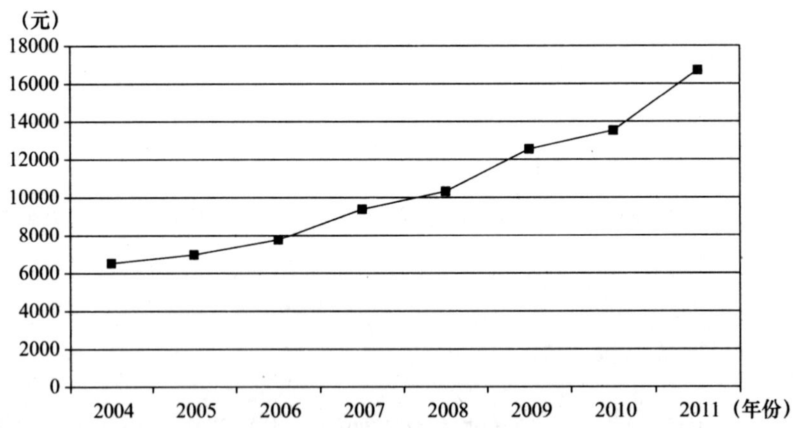

图 4－8　外出务工收入的变化趋势

数据来源：笔者根据农村固定观察点数据整理。

4.3.2　农业生产中雇工价格的变动

4.3.2.1　农产品成本资料汇编中的雇工价格变动

农业生产的雇工价格直接反映了农业生产中的劳动力成本。为了验证雇工价格的趋势变动，我们采用多套数据来检验这种趋势的稳健程度。第一套数据来源于近年来的《全国农产品成本收益资料汇编》。在成本收益资料汇编中，雇工工价用雇工费用除以雇工天数得到。表 4 - 8 汇报了 2008 ~ 2013 年六年间粮食作物生产中的雇工工价、劳动力成本及其劳动力成本占总生产成本的比重。从表4 - 8 中可以看出，农户在三种粮食作物生产中，雇工工价从 2008 年的 46.36 元/日上涨到 2013 年的 99.05 元/日，五年间雇工工价翻了一倍有余。

表 4 - 8　三种粮食生产中雇工工价、劳动力成本及其占比情况

	2008 年	2009 年	2010 年	2011 年	2012 年	2013 年
雇工工价（元/日）	46.36	53.69	60.67	78.58	92.57	99.05
人工成本（元）	175.02	188.39	226.90	283.05	371.95	429.71
生产成本（元）	562.42	600.41	672.67	791.16	936.42	1026.19
人工成本占比（%）	31.12	31.38	33.73	35.78	39.72	41.87

数据来源：笔者根据历年《全国农产品成本收益资料汇编》整理。人工成本中还包括家庭用工折价。

劳动力价格的上升推高了粮食生产中的劳动力成本，并且进一步地改变了粮食生产的成本结构。表 4 - 8 的数据显示，在三种粮食作物的生产中，人工成本占总生产成本的比重已经从 2008 年的 31.12% 上涨到 2013 年的 41.87%，超过了粮食生产中物质与服务费用的金额，已经成为粮食生产中占比最高的要素投入。劳动力成本的上涨已经成为推动农业生产成本快速上涨的最主要因素。

4.3.2.2　不同时期劳动力雇工价格情况

考虑到农业生产中普遍存在的季节性特点，农业生产中农忙时期对劳动力的需求要远远大于农闲时期，而在农忙时期劳动力的价格上涨仅仅反映了劳动力在短期内的一种供需情况，农闲时期劳动力的价格上涨才能真正反映农村劳动力成本上升的现状。第二套数据来自作者参与的新型农业经营主体培育和发展项目调查。表4－9的数据显示，村级层面的劳动力雇工工价依然显示出明显的上涨趋势。三省的平均数据显示，农忙时期的劳动力雇工工价已经从2003年的62.62元/天上涨到2013年的134.53元/天；非农忙时期的劳动力雇工工价虽然要小于农忙时期的价格，但上涨趋势依然明显，从2003年的49.99元/天上涨到2013年的103.45元/天。雇工价格同样显示出明显的区域差异性，以江苏为代表的发达地区的雇工工价要显著高于其余省份。

表4－9　农忙时期与非农忙时期的劳动力雇工价格情况　　单位：元/天

	农忙时期			非农忙时期		
	2003年	2008年	2013年	2003年	2008年	2013年
江苏	84.64	114.22	161.67	67.74	91.07	121.85
吉林	61.32	87.81	133.39	49.73	70.91	101.03
四川	49.37	79.25	117.54	38.40	61.80	93.52
平均	62.62	91.15	134.53	49.99	72.56	103.45

数据来源：笔者根据新型农业经营主体培育与发展项目调查整理。

4.3.2.3　不同生产环节中的劳动力雇工价格

此外，考虑到不同生产环节对劳动力需求的差异，表4－10利用IFPRI的补充调查数据，汇报了2009年、2011年和2013年，粮食生产各环节不同性别劳动力的雇工价格。表4－10的数据显示，从整体上看，粮食生产中各环节的雇工价格自2009年以来均呈现着不同程度的上涨，且男性劳动力和女性劳动力的上涨趋势大体保持一致。另外，不同生产环节的劳动力工价呈现出较大的差异，整地、插秧和收割环节的劳动力雇工价格显著高于其他生产环节。

综上所述，包括农民工收入水平变动和雇工工价变动的多组微观调查的数据均显示近年来我国农村劳动力成本上升趋势非常明显，劳动力成本上升已经成为劳动力市场中一个不争的事实，并将对我国的农业生产产生较为明显的影响。

表 4-10　不同生产环节的雇工价格　　单位：元/天

	2009 年		2011 年		2013 年	
	男性	女性	男性	女性	男性	女性
整地	71.98	55.03	88.93	67.59	104.63	80.25
（水稻）插秧	86.26	81.32	107.15	98.64	132.52	119.03
除草	62.07	55.48	71.50	64.40	85.04	77.76
打药	41.72	25.06	66.94	31.81	75.12	41.34
追肥	50.26	50.00	60.79	59.79	80.53	78.57
收割	79.08	73.35	97.18	88.26	117.13	103.79
运输	58.56	43.91	69.94	62.46	88.88	68.85

数据来源：笔者根据 IFPRI 补充调查数据整理。

4.4　劳动力转移背景下粮食生产中的劳动力投入

大量劳动力从农村向城市和非农部门转移，势必会影响到粮食生产中的潜在劳动供给。另外，根据诱致性技术变迁理论，劳动力的相对稀缺会诱使机械技术的发展，又在一定程度上减少了劳动力的需求。基于上述背景，本节将对粮食生产中的劳动力投入进行定量描述，为后文分析机械对劳动力的替代做一定的铺垫。

4.4.1　粮食生产中的总劳动力投入

表 4-11 汇报了近年来三种主要粮食作物生产中的劳动力投入情况。从表 4-11 中可以看出，就不同品种之间的劳动力投入而言，稻谷生产中的亩均劳动力投入 > 玉米生产中的亩均劳动力投入 > 小麦生产中的亩均劳动力投入。就各品种作物自身劳动力投入的年际间变化趋势而言，在农村人口大量外出、机械替代劳动力程度逐渐加深的背景下，三种粮食作物生产中的亩均劳动力投入均呈现逐年下降的趋势，2005～2013 年，8 年间小麦的劳动力投入下降了 36.41%，水稻

的劳动力投入下降了39.68%，玉米的劳动力投入下降了30.45%。

表4-11 主要粮食作物的劳动力投入情况 单位：工/亩

	2005年	2006年	2007年	2008年	2009年	2010年	2011年	2012年	2013年
小麦	7.91	7.01	6.60	6.10	5.81	5.64	5.58	5.16	5.03
稻谷	11.39	10.37	9.65	9.06	8.35	7.82	7.60	7.20	6.87
玉米	9.49	8.67	8.29	7.90	7.50	7.33	7.18	6.95	6.60

资料来源：笔者根据历年《全国农产品成本收益资料汇编》整理。

表4-12是利用补充调查数据整理的三种主要粮食作物各生产环节的劳动力投入情况。就三种作物劳动力投入的总体情况而言，水稻生产中的劳动力投入最大，玉米次之，小麦所需的劳动力最少；不同品种之间劳动力投入的差异与农产品成本收益资料汇编结果相类似。就不同生产环节的劳动力投入而言，耕地、播种和收割这三个环节是粮食作物所需投工量最大的生产环节，而水稻生产中还需要投入较多的劳动力进行秧苗培育。就不同生产环节在不同品种之间的差异而言，水稻在插秧/播种、打药、灌溉上需要投入较多劳动力，而玉米在收割和脱粒环节需要投入较多劳动力。这不仅反映了农业生产的季节性特征，同时可以从侧面看出粮食生产中机械替代劳动力的薄弱环节，为今后技术进步的方向提供一定的指引。

表4-12 主要粮食作物各生产环节劳动力投入情况 单位：工/亩

	育秧	耕地	插秧/播种	除草	打药	灌溉	施肥	收割	脱粒
小麦	—	1.03	1.04	0.67	0.72	0.46	0.58	0.91	0.42
水稻	1.26	0.68	2.12	0.70	0.87	0.92	0.67	1.26	0.87
玉米	—	1.01	1.07	0.87	0.44	0.30	0.63	1.48	0.89

资料来源：笔者根据IFPRI补充调查数据整理。

表 4－12 中的亩均劳动力投工量数据和下文所用的投工量数据均要略微大于《全国农产品成本收益》中的投工量。本研究认为两套数据在劳动力投工数量上的差异主要来源于数据统计口径的不同。《全国农产品成本收益资料汇编》中的用工数量使用“标准劳动日”作为单位，即把一个中等劳动力正常劳动 8 小时定义为一个标准劳动日。因此，在实际的统计过程中，通常需要根据劳动力的年龄、劳动能力和劳动强度进行折算。而农村固定观察点常规调查和补充调查中则简单定义一个标准投工量是 8 小时，并没有考虑根据劳动能力和劳动强度进行折算[①]。在农村劳动力老龄化程度较为严重的情况下，老年劳动力相对而言劳动速率更慢，因此农村固定观察点调查的投工量数据会略高。另外，由于本研究的目的并不是成本核算，因此本研究认为，这种统计口径差异并不影响总体上的判断，仍具备一定的参考价值。出于研究工作的审慎性考虑，作者同时参阅了其他文献中利用微观调查整理出的劳动力投入量的数据，这些数据绝大多数要略高于对应年份的《全国农产品成本收益资料汇编》中的劳动力投入量。

4.4.2　粮食生产中的劳动力投入来源

表 4－13 汇报了粮食生产中的劳动力投入来源，重点汇报了粮食生产中的雇佣劳动力的农户数和采取互相帮助或者交换劳动力方式的农户数。在小麦生产中，雇工农户数和帮工/换工农户数的数目分别为 50 户和 83 户，占小麦种植户的比例分别为 4.26% 和 7.08%；而在水稻生产中，雇工农户数和帮工/换工农户数的数目分别为 281 户和 297 户，占水稻种植户的比例分别为 17.42% 和 18.41%；和水稻生产较为类似，在玉米生产中采用雇工和帮工的农户比例较高，雇工农户数和帮工/换工农户数的数目分别为 333 户和 265 户，占玉米种植户的比例分别为 20.29% 和 16.15%。这不仅印证了上文所表述的观点，在粮食生产中水稻和玉米的劳动力投入要大于小麦的劳动力投入；同时也反映出在水稻和玉米的生产过程中，农户家庭自有劳动力存在着一定的短缺，需要采取雇工、帮工

① 关于相关指标的具体解释，可参阅全国农村固定观察点调查数据汇编（2000～2009 年）［M］. 北京：中国农业出版社，2011.

和换工等方式来弥补家庭劳动力的不足。

表4－13　粮食生产中的劳动力投入来源情况

	雇工农户数（户）	占比（%）	帮工和换工农户数（户）	占比（%）
小麦	50	4.26	83	7.08
水稻	281	17.42	297	18.41
玉米	333	20.29	265	16.15

资料来源：笔者根据 IFPRI 补充调查数据整理。

4.5　本章小结

本章首先通过统计年鉴的数据描述了农村人口和第一产业就业人数的变化趋势，并利用农民工监测调查报告中的数据以及农业部农村固定观察点的数据展示了近年来农村人口流动的相关特征和趋势。在描述了农村总体人口数量变化和流动特征和趋势的基础之上，本章再度利用调查数据和农业部农村固定观察点的数据来刻画近年来农村人口老龄化和女性化的现状和变动趋势。同时，本章利用多组微观调查数据来反映农村劳动力成本近年来快速上涨的趋势。另外，本章描述了人口变化背景下粮食生产中的劳动力投入情况及其变动趋势。本章主要采用描述性统计分析的方法得出以下几个初步结论：

（1）随着城镇化、工业化进程的不断推进，近十年来农村总人口和从事第一产业的人口正在持续下降。对外出劳动力的个体特征进行描述可以发现，农村劳动力选择性转移的特征非常明显。不同年龄阶段、受教育程度的劳动力占全体外出劳动力的比重近年来有着明显的变化；农村劳动力越来越倾向于在离家较近的区域内寻找非农就业机会。

（2）受劳动力转移的影响，农村人口“老龄化”现象较为严重，全村从事农业劳动的人口中，60 岁以上老年人的比例近年来正在逐步上升；老年人农业劳动时间占总农业劳动时间比例也在逐年上升。相对于“老龄化”而言，农村人口的“女性化”特征及变动趋势相对较缓。另外，在粮食生产中，老年劳动力和女性劳动力的投工量占总投工量的比例均在 40% 左右。

（3）受经济增长、劳动力转移等多种因素的影响，近年来农村劳动力成本上升的趋势十分明显，无论是以农民工工资为代表的机会成本，还是农业生产中的雇工工资的价格水平，近年来都表现出快速上涨的趋势。受农业生产季节性特征的影响，农忙时期的劳动力雇工价格远远高于非农忙时期的雇工价格，如何缓解劳动力用工瓶颈环节的劳动力需求是今后所需重点考虑的政策着眼点。

（4）随着农村人口的变化、劳动力成本的上升和农业生产技术水平的不断发展，粮食生产中的劳动力投入不断下降。另外，从整体上看，不同粮食作物之间的劳动力存在着一定的差异，水稻和玉米的劳动力投入相对较大，而小麦的劳动力投入相对较小。粮食生产中的季节性特征较为明显，不同生产环节的劳动力需求差别较大。水稻与玉米生产中采用雇工和帮工的农户数比例较高，而小麦生产中该比例较低，反映出在水稻和玉米的生产过程中，农户家庭自有劳动力存在着一定的短缺。

第5章　劳动力外出务工对农户种植结构的影响

第3章从理论上分析了农户家庭劳动力外出务工对农户种植结构的影响机制，并重点探讨了不同约束机制下对种植结构调整的异质性影响。本章将在第3章的基础之上，利用农业部农村固定观察点的农户调查数据进行实证分析，从而检验这种关系的存在。

5.1　变量设定与描述性分析

5.1.1　变量设定

农业部农村经济研究中心的固定观察点数据库中包含了丰富的农户生产经营活动、家庭特征等相关信息。本部分分析所用数据为固定观察点2004～2011年连续8年的农户调查数据，为非平衡的面板数据。出于对农业生产和粮食安全问题的关注，本书选取13个主产省份①的农户数据，分析数据涉及11200户农户，共得到70581个观察值。本部分计量模型中所使用到的主要变量的定义和描述性分析如表5－1所示。

① 13个省份分别为：辽宁、河北、山东、吉林、内蒙古、江西、湖南、四川、河南、湖北、江苏、安徽和黑龙江。

表5-1 主要变量的描述性统计

变量	变量定义	平均值	标准差
粮食作物比例	三种粮食作物播种面积占总播种面积之比（%）	63.95	34.35
高附加值作物比例	蔬菜、水果、蚕桑和烤烟播种面积占总播种面积之比（%）	10.18	21.56
外出务工比例	到本县外务工的劳动力占家庭劳动力之比（%）	18.17	24.26
替代作物收益比（粮食作物）	替代作物与粮食作物的相对收益	2.12	2.91
替代作物收益比（经济作物）	替代作物与经济作物的相对收益	0.58	0.63
受教育程度	家庭劳动力的平均受教育年限（年）	6.54	2.21
家庭劳动力人数	家庭总劳动力人数（人）	3.31	1.18
劳动力占比	家庭劳动力数目占家庭总人口的比重（%）	88.43	15.07
生产性资产	年末拥有生产性固定资产原值（千元）	0.07	0.21
家庭耕地面积	农户实际经营耕地面积（亩）	10.96	18.90
离公路干线距离	村庄离公路干线的距离（千米）	4.60	46.63
是否山区	农户所在区域地形为丘陵山区则为1，否则为0	0.21	0.41
是否郊区	农户所在村为城市郊区则为1，否则为0	0.15	0.36

注：所有的价格信息均以2004年为基期的农民居民消费价格指数进行平减。

值得注意的是，本研究用“外出务工比例”这一指标来反映农户家庭外出务工的情况。以往的研究多用“是否外出务工”和“外出务工人数”这两个变量，然而采用“是否外出务工”这个0-1变量并不能反映出外出务工程度的差异对因变量的影响，用“外出务工人数”这个变量不能控制由家庭规模带来的差异，而用“外出务工比例”更能反映出农户层面对劳动力在不同工作状态之间的配置情况。

5.1.2 描述性统计分析

图5-1描述了样本农户2004~2011年粮食作物及高附加值作物种植面积比例的变化趋势。从图5-1中可以看出，2004~2011年，粮食作物种植面积比例从61.89%上升到66.69%；高附加值作物种植面积从9.16%上升到10.84%。

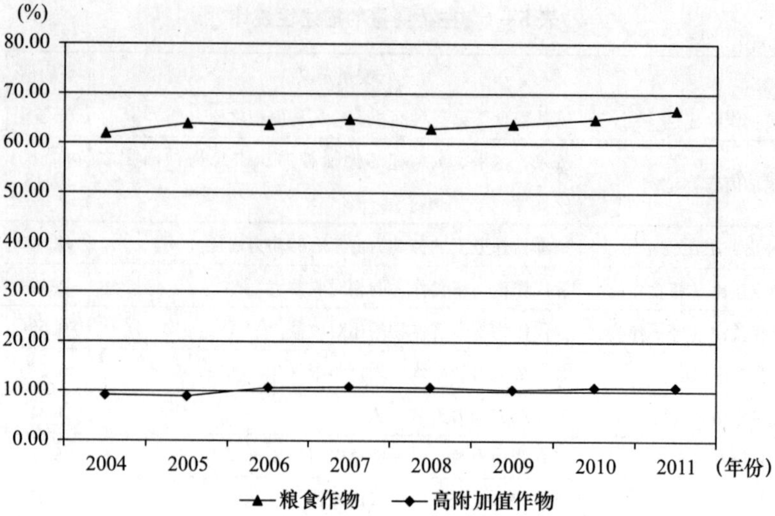

图 5－1　样本农户近年来的种植结构变化

资料来源：笔者根据农村固定观察点数据整理。

图 5－2 描述了样本农户 2004～2011 年农户家庭劳动力外出务工的变化趋势。从图 5－2 中可以看出，2004～2011 年，除了 2009 年和 2010 年有一定的下

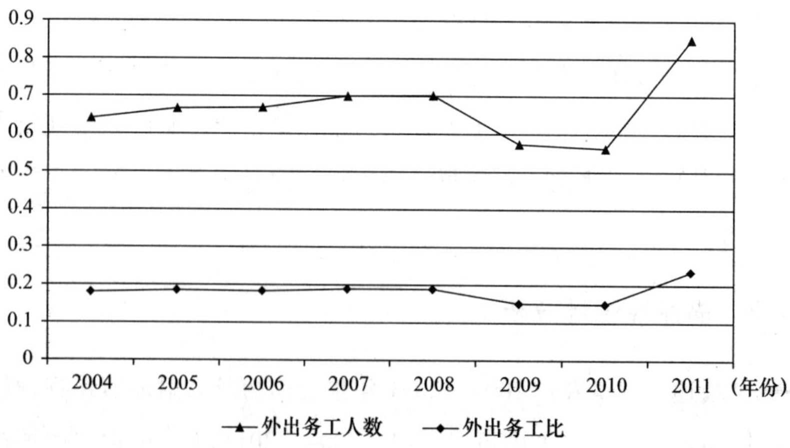

图 5－2　样本农户外出务工的变化趋势

资料来源：笔者根据农村固定观察点数据整理。

降趋势外（主要是金融危机导致的外出务工劳动力的回流），从整体上看农户的外出务工不断增加。家庭平均外出务工人数从2004年的0.64人/户上升到2011年的0.85人/户，外出务工人数占家庭劳动力人数的比重从2004年的18.02%上升到2011年的23.49%。

表5－2对比分析了样本中有外出务工农户和无外出务工农户两类农户种植结构的差异。统计结果表明，两类农户的种植结构存在着显著差异：有劳动力外出务工的农户粮食作物的播种面积比例（67.04%）要远远高于非外出务工户（61.73%），而高附加值作物的播种面积比例却远远低于非外出务工户。均值差T检验显示两个指标在两类农户之间的差异均在1%的水平上显著，表明农户劳动力外出务工与种植结构和粮食生产之间存在比较明显的关系。

表5－2　不同外出务工程度农户种植结构差异的比较　　单位:%

	所有农户	外出务工户	非外出务工户	t－test（P－value）
粮食作物播种面积比例	63.95	67.04	61.73	0.00
经济作物播种面积比例	10.18	8.90	11.12	0.00

资料来源：笔者根据农村固定观察点数据整理。

如前文分析，由于不同地区机械替代难易度和结构调整空间存在差异，农户家庭在面对劳动力资源变动时会采取不同的结构调整行为，种植结构会表现出差异。为此，表5－3进一步比较了约束条件不同类区域两类农户种植结构的差异。先看要素替代难易度的影响，平原地区外出务工户的粮食作物播种面积比例为70.46%，明显高于丘陵山区外出务工户的54.16%，并且这一差异（16.3%）明显超过非外出务工户的5.62%（62.96%和57.34%的差）。这在一定程度上反映出要素替代难易度影响劳动力外出务工对种植结构调整的作用。再看结构调整空间的影响，城郊地区外出务工户的高附加值作物播种面积比例为12.87%，明显高于非城郊乡村地区外出务工户的8.31%，并且这一差异（4.56%）明显超过非外出务工户的2.84%（13.47%和10.63%的差），表明结构调整空间会影响劳动力外出务工对种植结构调整的作用。

表5-3 不同结构调整约束条件下外出务工程度不同农户种植结构差异的比较

	外出务工户	非外出务工户	P-value
地形（要素替代难易度）：粮食作物播种面积比例（%）			
所在村地形为平原	70.46	62.96	0.00
所在村地形为丘陵山区	54.16	57.34	0.00
区位（结构调整空间）：高附加值作物播种面积比例（%）			
所在村不为城市郊区	8.31	10.63	0.22
所在村为城市郊区	12.87	13.47	0.00

资料来源：笔者根据农村固定观察点数据整理。

5.2 劳动力外出务工对种植结构影响的实证结果

5.2.1 基本回归结果

表5-4和表5-5分别是按照粮食作物和高附加值经济作物对模型（1）的计量经济分析结果，其中，表5-4中第（1）列是混合最小二乘法（Pool-OLS）的估计结果，第（2）列是面板数据固定效应（FE）的估计结果，第（3）列是面板数据工具变量法（FE-IV）的估计结果，第（4）列是联立方程法第一阶段的估计结果。在具体讨论回归结果前，需要对面板工具变量模型的设定进行检验。从模型的拟合优度检验看，各模型总体拟合都较好，适宜于进行结构分析。

关于工具变量的一系列检验表明，村外出务工网络作为农户家庭外出务工劳动力比例的工具变量是有效的。首先，工具变量法估计的第一阶段结果表明，村外出务工网络对农户家庭外出务工劳动力比例有非常显著的影响，统计检验在

5%的水平上显著。其次，关于工具变量的不可识别检验（Underidentification Test）和弱工具变量检验（Weak Identification Test）都显著拒绝了原假设，表明工具变量有效且不存在低劣工具变量问题。

Hausman 检验在粮食作物播种面积方程和经济作物播种面积方程的卡方统计值分别为1294.3 和1022.1，且均在1%的统计意义上显著，因此结果无法推翻工具变量法和最小二乘法得出的回归系数没有系统性差异的原假设，有必要使用工具变量法进行估计。一个合格的工具变量首先要满足与内生变量相关的条件。工具变量法第一阶段的回归结果显示，村庄的迁移网络与农户家庭外出务工人数占比之间的关系在5%的统计意义上显著。不可识别检验的 Kleibergen - Paap rk LM 统计量在两方程中分别在5%和1%的水平上显著，表明方程不存在不可识别的问题。另外，本研究的工具变量数等于内生变量数，模型恰好识别，因此无须进行过度识别检验。

首先看第一阶段的回归结果。劳动力年龄的一次项对外出务工比例有着显著的正向影响，而年龄的二次项对外出务工比例有着显著的负向影响，且二者均在1%的统计意义上显著，年龄与劳动力外出务工比例呈现出显著的倒“U”形关系，表明农户随着年龄的上升，开始出于收入最大化的动机会将家庭劳动力更多地配置在外出务工中，随着年龄的不断增大以及体力的下降，农户会逐渐减少外出务工的比例。受教育程度对农户外出务工比例有着显著的正向影响，表明受教育程度的提升确实有助于农村劳动力在劳动力市场中寻找到非农就业的机会。劳动力人数对外出务工比例有着显著的正向影响，表明农户家庭的劳动力越多，农户越倾向于将劳动力配置在非农产业中。农户家庭的耕地面积越大，农户外出务工的比例越小，这也符合理论上的假设。农户村庄离公路干线的距离对农户外出务工的比例有着负向影响，且在1%的统计意义上显著，这也在一定程度上反映了改善交通条件等基础设施将促进劳动力的充分流动。

本书下述关于劳动力外出务工对农户种植结构影响的分析与讨论主要基于面板数据工具变量法的回归结果展开。模型的回归结果显示，农户家庭外出务工人数对粮食作物播种面积比例的系数估计值符号为正，并在5%的置信水平上显著，表明外出务工劳动力比例越高，农户越会增加粮食种植面积比例。因此，实证结果验证了上文提出的研究假说，即农户劳动力外出务工会导致农业劳动力供给紧缺，促使农户增加种植易于用机械替代劳动力的粮食，即农村劳动力外出务工有利于粮食生产增加。从系数大小看，平均而言，农户家庭外出务工劳动力比例每增加10%，粮食作物种植面积比例会增加11.7%。向青和黄季焜（2000）的研究表明，非农收入的增加将扩大粮食作物的播种面积，也从另一个角度支持了本书的研究结论。

表5－4　劳动力外出务工对农户粮食作物播种面积比例影响的实证结果

	粮食作物播种面积比例		外出务工比例（%）	
	P－OLS （1）	FE－OLS （2）	FE－IV （3）	FE－IV 第一阶段（4）
关键变量				
外出务工比例	0.082*** （15.53）	0.012 （0.75）	1.173** （2.04）	/
控制变量				
年龄	0.402*** （4.23）	0.185 （0.68）	－0.795* （－1.74）	0.766*** （9.71）
年龄的平方	－0.006*** （－5.55）	－0.005 （－1.63）	0.011* （1.79）	－0.011*** （－12.83）
受教育年限	－0.460 （－7.50）	－0.281* （－1.70）	－1.192** （－2.21）	0.913*** （13.64）
劳动力人数	1.466*** （12.03）	0.939*** （2.91）	－1.476* （1.74）	1.405*** （8.99）
劳动力占比	－0.054*** （－5.39）	－3.768 （－1.52）	0.050 （1.53）	－0.082*** （－5.33）
家庭耕地面积	－0.331*** （－42.50）	－0.307*** （－16.35）	0.031 （1.09）	－0.036*** （－3.17）
生产性资产	1.060* （1.81）	0.362 （0.23）	4.133* （1.66）	3.834*** （5.70）
离公路干线的距离	0.018*** （7.20）	0.068*** （5.64）	0.008** （2.13）	－0.006*** （－3.87）

续表

	粮食作物播种面积比例		外出务工比例（%）	
	P－OLS （1）	FE－OLS （2）	FE－IV （3）	FE－IV 第一阶段（4）
控制变量				
替代作物收益比	－0. 367 *** （－8. 76）	0. 018 （0. 13）	－0. 169 ** （－2. 17）	0. 103 *** （3. 42）
村庄迁移人数	/	/	/	0. 002 ** （3. 54）
省份虚拟变量	略	/	/	略
年份虚拟变量	略	略	略	略
拟合优度检验	558. 73 ***	/	/	138. 07 ***
不可识别检验	/	/	/	6. 39 **
弱工具变量检验	/	/	/	12. 52
Hausman 检验	/		1294. 3 ***	/
样本量	70581	70581	70581	70581

注：*、** 和 *** 分别表示在 10%、5% 和 1% 的水平上显著；括号内为估计系数的 t 统计量。另外，由于 Stata 中的 xtivreg2 命令并没有给出常数项，表 5－4 略去了常数项的回归系数。

其余控制变量对农户种植结构的影响也多符合理论预期。替代作物的相对收益对粮食作物播种面积比例有负向影响，且在 5% 的水平上显著。不同作物间相对收益的大小仍是决定农户作物种植选择的重要影响因素。虽然粮食作物的比较收益相对较低，但近年来粮食相对于其他作物比较收益的差距却呈不断缩小的趋势（范成方和史建民，2013），农户会基于利润目标来调节资源的分配和组合。家庭劳动力的平均受教育年限对粮食作物播种面积比例有着显著的负向影响，受教育程度越高，农户粮食作物的播种面积比例越低。后文可看到，农户受教育程度越高，种植高附加值作物比例越高。劳动力年龄的一次项系数为负，二次项系数为正，且两者均在 10% 的统计意义上显著，表明农户随着年龄的增加会增加粮食作物播种面积比例，增加这些劳动力需求较少作物的种植。这点与胡雪枝和钟甫宁（2013）分析人口老龄化对农业生产的影响相一致。地理位置和交通条件也会显著影响到农户的种植结构，农户所在村庄离公路干线的距离越远，农户种植粮食作物的比例越高。劳动力数目对农户家庭粮食作物的播种面积比例有着显著的负向影响，一种可能的解释是家庭劳动力数目越多，农户越倾向于多样化种植或者增加复种指数，粮食作物的播种面积进而下降。另外，劳动力占比和家庭耕地面积对粮食作物的播种面积比例没有影响。

表5-5　劳动力外出务工对农户高附加值作物播种面积比例影响的实证结果

	高附加值作物播种面积比例		
	P-OLS (1)	FE-OLS (2)	FE-IV (3)
关键变量			
外出务工比例	-0.060*** (-15.42)	-0.077*** (-6.77)	-1.393** (-2.55)
控制变量			
年龄	-0.397*** (-5.95)	-0.402** (-2.16)	0.992** (2.27)
年龄的平方	0.005*** (6.27)	0.005*** (2.73)	-0.014** (-2.35)
受教育年限	0.782*** (18.21)	1.336*** (11.91)	1.357*** (2.70)
劳动力人数	-0.797*** (-9.31)	-0.991*** (-4.51)	2.071** (2.43)
劳动力占比	0.012* (1.70)	-0.945 (-0.56)	-0.077** (-2.44)
家庭耕地面积	-0.134*** (-23.80)	-0.242*** (-18.75)	-0.110*** (-2.96)
生产性资产	1.615*** (3.85)	1.947* (1.77)	-5.025** (-2.24)
离公路干线的距离	-0.007*** (-3.69)	-0.013 (-1.61)	-0.008** (-2.26)
替代作物收益比	-1.830*** (-13.40)	-1.558*** (-3.55)	-0.089 (-0.44)

续表

	高附加值作物播种面积比例		
	P - OLS (1)	FE - OLS (2)	FE - IV (3)
控制变量			
省份虚拟变量	略	/	/
年份虚拟变量	略	略	略
拟合优度检验	300.95 ***	/	/
Hausman 检验	/	1022.1 ***	—
样本量	70581	70581	70581

注：*、** 和 *** 分别表示在 10%、5% 和 1% 的水平上显著；括号内为估计系数的 t 统计量。另外，由于 Stata 中的 xtivreg2 命令并没有给出常数项，表 5 - 5 略去了常数项的回归系数。

农户家庭劳动力外出务工对高附加值经济作物种植有负向影响。这与 Huang 等（2009）的研究结论相一致。由表 5 - 5 可见，农户外出务工劳动力比例的回归系数为 -1.39，统计检验在 5% 的水平上显著（列（3）），表明农户家庭外出务工劳动力比例每增加 10%，农户高附加值作物种植面积比例会下降 13.9%。家庭劳动力的平均受教育年限对高附加值经济作物播种面积的比例有着显著的正向影响。一般而言，经济作物的农艺比较复杂，对农户种植技术的要求也较高，受教育程度高的农户倾向于扩大经济作物的生产。劳动力年龄的一次项对高附加值作物的播种面积比例有着显著的正向影响，而年龄的二次项对高附加值作物的播种面积比例有着显著的负向影响，且二者均在 5% 的统计意义上显著，年龄与高附加值作物播种面积的比例呈现出显著的倒“U”形关系，表明农户随着年龄的上升，开始出于收入最大化的动机会扩大高附加值经济作物的生产，随着年龄的不断增大以及体力的下降，农户会逐渐减少高附加值作物的播种面积比例。家庭耕地面积和农户所在村庄离公路干线的距离对高附加值经济作物播种面积比例均有着显著的负向影响，农户家庭的耕地面积越大，越倾向于利用大型机械从事规模化种植，然而由于高附加值作物机械化程度低、劳动力需求大，农户种植高附加值作物的比例也会下降，这点与张宗毅和杜志雄（2015）的研究相一致；农户所在村庄离公路干线的距离越远，农户种植高附加值作物的比例越低，而这同时又对应了上文村庄离公路干线的距离正向影响了农户种植粮食作物的比例，这一组结果与目前研究交通条件和基础设施对种植结构的文献相一致（董晓霞等，2006；吴清华等，2015）。

5.2.2　劳动力外出务工对种植结构影响的区域异质性

表5－4和表5－5的结果从整体上讨论了劳动力流动对农户种植结构的影响。正如上文所言，劳动力外出务工对农户种植决策的影响很有可能存在一定的区域差异。表5－6报告了对（2）式的计量经济分析结果。受篇幅限制，省略了Pooled OLS和FE－OLS的结果，直接报告了FE－IV的结果。另外，表中粮食种植面积比例模型报告了三列结果（列（1）至列（3）），其中，列（1）中外出务工与丘陵山地交叉项系数为丘陵山区与平原地区外出务工对粮食生产影响的差异；列（2）中外出务工与城郊交叉项系数为城郊与非城郊地区外出务工对粮食生产影响的差异；列（3）同时控制了两个交叉项，用于检验结果的稳健性。高附加值作物种植面积比例模型结果类似。模型（2）的参数估计结果验证了本书研究假说2和假说3，即约束条件会明显影响外出务工对农户结构调整和粮食生产的作用。

首先，机械越是难以替代劳动，就越会削弱农户家庭劳动力外出务工对粮食种植的正向作用。从表5－6列（1）粮食种植面积比例模型结果看，外出务工占比与丘陵山地虚拟变量交叉项的系数是负的（－0.705），统计检验在1%的水平上显著。这说明，对于丘陵山区，由于耕地不适宜机械作业，粮食作物生产环节机械化难度也较大，相对平原地区，农户家庭外出务工每增加10%，对粮食种植面积比例的正向促进作用会减小7.05%。不过，由于平原地区影响为14.08%，丘陵山区外出务工对粮食生产的总体效应还是正的。相反，列（4）高附加值作物种植面积比例模型结果表明，外出务工占比与丘陵山地虚拟变量交叉项的系数是正的（0.327），统计检验在5%的水平上显著，说明丘陵山地会削弱外出务工对高附加值作物种植面积比例的负向作用。相对平原地区，丘陵山区农户外出务工每增加10%，对高附加值作物种植比例的负向作用会减弱3.24%。类似地，由于平原地区影响为-15.26%，丘陵山区农户外出务工对高附加值作物生产的总体效应还是负的。综上所述，外出务工会促进农户增加粮食作物种植，但其作用大小与机械替代劳动力的难易度密切相关，耕地越不利于机械作业，外出务工对粮食种植的正向作用越弱，对高附加值作物种植的负向作用越弱。

其次，农产品结构调整的空间越大，农户家庭劳动力外出务工对粮食种植的正向作用就越会被削弱，相对有利于高附加值作物的种植。从表5-6列（2）粮食种植面积比例模型结果看，外出务工占比与城郊虚拟变量交叉项的系数也为负（-0.126），并且统计检验在10%的水平上显著。这表明，对于靠近城市郊区农村地区，由于粮食生产向经济作物产品转换面临的结构调整空间较大，外出务工对粮食种植面积比例的正向作用系数会减小0.126，不过由于非城郊农村地区系数为1.186，丘陵山区的总体效应仍然是正向的。相反，表5-6列（4）高附加值作物种植面积比例模型结果显示，外出务工占比与城郊虚拟变量交叉项的系数为正（0.123）且统计检验显著，表明村庄处于城郊地区会削弱农户外出务工对高附加值作物种植面积比例的负向作用。不过由于非城郊农村地区系数为-1.397，丘陵山区农户外出务工对高附加值作物生产的总体效应仍然是负向的。综上所述，外出务工对农户增加粮食种植的作用明显受到市场容量等农产品结构调整空间的影响。产品结构调整空间越大，外出务工对粮食种植面积的正向作用越弱，对高附加值作物种植的负向作用越弱。

表5-6　结构调整约束条件对外出务工作用影响的计量经济模型估计结果

	种植结构调整（%）					
	粮食作物			高附加值作物		
	FE-IV (1)	FE-IV (2)	FE-IV (3)	FE-IV (4)	FE-IV (5)	FE-IV (6)
关键变量						
外出务工占比	1.408** (2.19)	1.186** (2.07)	1.415** (2.09)	-1.526** (-2.44)	-1.397** (-2.46)	-1.520** (-2.46)

续表

	种植结构调整（%）					
	粮食作物			高附加值作物		
	FE－IV (1)	FE－IV (2)	FE－IV (3)	FE－IV (4)	FE－IV (5)	FE－IV (6)
关键变量						
外出务工占比＊丘陵山地	－0.705＊＊＊ (－4.77)	/	－0.684＊＊＊ (－4.42)	0.327＊＊ (2.28)	/	0.304＊＊ (2.25)
外出务工占比＊城郊	/	－0.126＊ (－1.91)	－0.126＊ (－1.66)	/	0.123＊ (1.87)	0.125＊ (1.78)
控制变量						
年龄	－0.933＊ (－1.87)	－0.792＊ (－1.77)	－0.926＊ (－1.78)	1.078＊＊ (2.20)	0.983＊＊ (2.28)	1.063＊＊ (2.21)
年龄平方	0.013＊ (1.90)	0.011＊ (1.82)	0.013＊ (1.82)	－0.015＊＊ (－2.26)	－0.014＊＊ (－2.36)	－0.015＊＊ (－2.28)
受教育年限	－1.227＊＊ (－2.17)	－1.195＊＊ (－2.25)	－1.228＊＊ (－2.08)	1.402＊＊ (2.57)	1.351＊＊＊ (2.72)	1.392＊＊＊ (2.58)
家庭劳动力人数	－1.476＊ (－1.69)	－1.478＊ (－1.79)	－1.478 (－1.62)	2.108＊＊ (2.31)	2.060＊＊ (2.44)	2.094＊＊ (2.33)
家庭劳动力占比	5.436 (1.60)	4.939 (1.58)	5.354 (1.50)	－8.044＊＊ (－2.34)	－7.567＊＊ (－2.45)	－7.892＊＊ (－2.36)
家庭耕地面积	0.036 (1.41)	0.031 (1.33)	0.037 (1.17)	－0.112＊＊＊ (－2.86)	－0.110＊＊＊ (－2.99)	－0.112＊＊＊ (－2.89)
生产性资产存量	4.391＊ (1.75)	4.083＊ (1.77)	4.334 (1.61)	－5.267＊＊ (－2.16)	－4.935＊＊ (－2.25)	－5.159＊＊ (－2.17)
离公路干线的距离	0.009＊＊ (2.04)	0.008＊＊ (2.03)	0.009＊＊ (2.07)	－0.008＊＊ (－2.13)	－0.008＊＊ (－2.26)	－0.008＊＊ (－2.18)
替代作物相对收益	－1.476＊ (－1.69)	－1.478＊ (－1.79)	－0.177＊＊ (－2.08)	－0.076 (－0.36)	－0.131 (－0.66)	－0.119 (－0.57)
年份虚拟变量	略	略	略	略	略	略
识别不足检验	6.889＊＊＊	7.355＊＊＊	5.872＊＊	6.633＊＊＊	7.51＊＊＊	6.789＊＊＊
弱工具变量检验	58.66	5.43	39.40	34.33	27.05	23.85
样本量	70581	70581	70581	70581	70581	70581

注：＊、＊＊和＊＊＊分别表示在10%、5%和1%的水平上显著；括号内为估计系数的t统计量。另外，由于Stata中的xtivreg2命令并没有给出常数项，表5－6略去了常数项的回归系数。

5.2.3 作用机制的再检验

劳动力外出务工是否促进了粮食生产，在一定程度上取决于外出务工的农户是否增加了机械投入来对劳动力要素进行替代。为此，本书进一步分析了种粮农户劳动力外出对机械要素投入及其对劳动力替代程度的影响。对于农户的机械投入情况，本书使用粮食生产中的亩均机械费用和机械劳动比（机械费用与投工数量的比值）两个指标反映，其中亩均机械费用表征农户在粮食生产中的机械投入强度，机械劳动比反映了生产要素之间的配比关系，也能从一定程度上反映机械对劳动力的替代情况。表5-6给出了采用固定效应工具变量法进行回归的结果。表5-6的结果显示，对于粮食种植户而言，农户家庭外出务工劳动力比例每增加10%，亩均机械费用会增加5.11元，机械费用与投工数量比之比会上升2.36。上述结果表明，随着农户外出程度的加深，农户会增加替代劳动要素的机械投入以缓解粮食生产中的劳动力约束。

表5-7 外出务工对农户粮食生产机械投入影响的计量经济模型估计结果

	亩均机械费用（FE-IV）	机械劳动比（FE-IV）
	关键变量	
外出务工比例	0.511** (1.96)	0.236*** (3.03)
	控制变量	
年龄	-0.311 (-1.37)	-0.200*** (-2.95)
年龄的平方	0.005 (1.48)	0.003*** (3.00)
受教育年限	0.429* (1.74)	0.224*** (3.01)
劳动力人数	-0.551 (-1.45)	-0.283** (-2.41)
劳动力占比	2.528* (1.69)	0.821* (1.77)
家庭耕地面积	-0.038*** (-3.13)	0.002 (0.47)
生产性资产	5.533*** (4.64)	1.510*** (3.53)
离公路干线的距离	0.004* (1.84)	0.001** (2.32)
年份虚拟变量	略	略

续表

	亩均机械费用（FE－IV）	机械劳动比（FE－IV）
控制变量		
不可识别检验	12.271***	10.575***
弱工具变量检验	12.270	10.669
样本量	61977	61977

注：*、**和***分别表示在10%、5%和1%的水平上显著；括号内为估计系数t的统计量。

5.3 本章小结

本章利用农业部固定观察点2004～2011年的非平衡面板数据，分析了劳动力外出务工后的产品结构调整行为，以及不同约束条件下劳动力外出务工对种植结构调整和粮食生产的影响。本章节主要得出如下初步结论：

（1）从目前的情况来看，劳动力转移对我国的粮食生产并未带来明显的负面影响。由于相对于多数经济作物，粮食生产劳动力需求少、易于机械化，外出务工农户面对劳动力供给不足时，反而会增加粮食种植面积比例以降低劳动力投入水平。外出务工农户生产结构向粮食作物调整是农户综合家庭劳动力资源禀赋、不同作物比较效益基础上的理性反应。

（2）结构调整面对的约束条件会明显影响农户劳动力外出务工对种植结构调整的影响强弱。在丘陵山区，机械化作业难度大，不仅粮食生产增加的趋势会被弱化，而且耕地耕作强度可能下降；在城郊农村地区，由于结构调整空间大、市场容量大，粮食生产相对强化的趋势也会被弱化。

（3）劳动力外出务工对种植结构影响的作用机制再检验表明，随着农户外出务工程度的加深，农户会增加替代劳动要素的机械投入以缓解粮食生产中的劳动力约束。

第 6 章　劳动力外出务工对粮食单产的影响

第 5 章中分析了劳动力外出务工对农户种植结构的影响。粮食总产量的变化不仅取决于种植结构的变化，同时也取决于农户粮食单产水平的变动。本章节首先描述了粮食生产中机械技术的使用情况，并计算了不同省份粮食生产中的机械—劳动力替代弹性，在此基础上分析了劳动力外出务工对不同区域农户粮食单产水平的影响，同时比较了劳动力外出务工对不同作物影响的差异。

6.1　粮食生产中农户机械技术的使用情况

表 6 - 1 整理了统计年报中三种主要粮食作物的机械化水平。首先，从机械化水平发展的时间维度看，三种主要粮食的机械化水平均得到了较快发展。小麦的耕种收综合机械化率从 2008 年的 86.54% 上升到 2013 年的 93.71%，水稻的耕种收综合机械化率从 2008 年的 51.14% 上升到 2013 年的 73.14%，玉米的耕种收综合机械化率从 2008 年的 51.78% 上升到 2013 年的 79.76%，三种主要粮食作物的机械化程度均得到了较为长足的发展。从不同品种的机械化程度差异看，小麦的机械化程度最高，2013 年达到了 93.71%，几乎实现了全程机械化；玉米次之，2013 年达到了 79.76%；水稻的耕种收综合机械化率为三种粮食作物中最低，但 2013 年也达到了 73.14%。从农业生产的各环节看，2013 年的数据显示，

小麦的耕地和收割环节的机械化率均达到了90%以上，而播种环节略低，机械化率为86.69%；水稻生产的各环节同样展现出相一致的规律，耕地环节的机械化程度最高，收割环节次之，播种（插秧）环节最低；玉米生产的各环节机械化程度同小麦和水稻差异较大，其耕地和播种环节的机械化率较高，而收割环节的机械化率较低。

表6-1　主要粮食作物机械化水平　　单位:%

年份	小麦			水稻			玉米		
	机耕	机播	机收	机耕	机播	机收	机耕	机播	机收
2008	92.51	81.28	83.84	79.19	13.73	51.16	73.03	64.62	10.61
2009	95.58	84.37	86.07	83.27	16.71	56.69	83.55	72.48	16.91
2010	97.82	85.32	88.46	87.27	20.86	64.49	88.11	76.52	25.80
2011	98.79	85.95	91.05	91.00	26.24	71.56	93.77	79.90	33.59
2012	98.90	86.52	92.32	93.29	31.67	73.35	93.79	82.30	42.47
2013	98.90	86.69	93.82	95.09	36.10	80.91	97.67	84.08	51.57

数据来源：孔祥智，周振，钟真．农业机械化：十年进展与发展方向［J］．科技促进发展，2014(6)。

注：按照农业部制定《农业机械化管理统计报表制度》的指标界定，农作物耕种收综合机械化水平=机耕水平×0.4+机播水平×0.3+机收水平×0.3。其中，机耕水平=机耕面积/耕地面积；机播水平=机播面积/农作物播种面积；机收水平=机收面积/农作物播种面积。

统计数据只提供了主要生产环节的机械化情况，而实际农业生产环节更为复杂，不同环节对劳动力的要求也存在较大差异，机械对劳动力替代的可能性也存在较大差异。IFPRI调查数据详细地收集了耕地、插秧/播种、病虫害防治、灌溉、收割、脱离、运输和晾晒环节的机械使用情况①。表6-2反映的是所调查的

① 考虑到我国农地的细碎化特征，IFPRI补充调查收集的分别是种植小麦、水稻和玉米的最大地块上的农机投入的相关信息；本研究亦认为农户在最大地块上农机投入可以较好地反映农户的机械采纳行为。

样本在粮食生产的各环节中采用机械技术的农户占样本农户的比例，较表6－1反映的面积比率，更能反映出农户微观层面的技术利用情况。表6－2的数据显示，从农户层面看，小麦各生产环节中机械化程度最高的是耕地、播种和收割三个主要生产环节；水稻各生产环节中机械化程度最高的是耕地、灌溉和收割三个生产环节，而对水稻生产相对重要的插秧环节，机械化的程度仍相对较低；玉米各生产环节中机械化程度最高的是耕地、播种和脱粒三个生产环节，而对玉米生产相对重要的收割环节，机械化的程度也相对较低。从表6－2我们发现，从总体上而言，三种粮食作物的机械化程度存在一定的差异，其中小麦的机械化程度最高，水稻和玉米的机械化程度相对较低。

另外，对比表6－1和表6－2的结果我们可以发现，从整体上而言农户层面的机械化率要低于统计年报中的机械化水平。一种可能的原因是农业机械统计数据存在一定的"水分"，数据虚高（刘丽萍，2015）；另一种可能的原因是统计年报中的数据反映的是特定面积上的机械化水平，而调查数据反映的是农户层面的机械化水平，如果样本主要集中在经营面积较小的农户中，则农户层面的农机化率也有可能低于统计年报所反映的数据。

表6－2　样本农户粮食生产的机械化水平

	小麦		水稻		玉米	
	户数（户）	占比（%）	户数（户）	占比（%）	户数（户）	占比（%）
耕地	1116	95.14	1578	97.83	1308	79.71
插秧/播种	653	55.67	167	10.35	887	54.05
打药	62	5.29	46	2.85	476	29.01
灌溉	403	34.36	576	35.71	335	20.41
收割	949	80.90	1137	70.49	698	42.54
脱粒	286	24.38	449	27.84	1168	71.18

资料来源：笔者根据IFPRI补充调查数据整理。

表6－3汇报了粮食生产中各生产环节农户使用农机的来源情况。从表6－3

中可以看出，小麦生产中耕地、播种、收割和脱粒环节主要采取的是外包服务的形式，即雇佣生产服务提供商的机器和人工为农户提供生产服务。正如上文所言，农机服务跨区域流动的特点大幅度增加了单个农机的服务范围和工作时间，从而降低了农机服务的成本（Yang et al.，2013），在我国小规模农户主导、农户兼业经营的背景下，农户更倾向于使用农机服务而非自己进行机械投资（纪月清和钟甫宁，2013）。水稻生产中的机械来源跟小麦类似，除了插秧环节的机械化程度略低于自由机械外，耕地、收割和外包环节主要采取的是外包服务的形式。这或许与水稻生产中的季节性相关，插秧环节总体的机械化程度低，适宜插秧的时间“窗口”较短，相较于其他作物的播种环节和水稻生产的其他环节，必须在较短的时间内完成插秧工作，外包服务商跨区域服务的能力降低，减少了外包服务市场上的供给，农户只能更多地选择手工插秧或自己购买插秧机械。就玉米生产而言，收割和脱粒环节主要采取的是外包服务的形式，而耕地和播种环节的农机主要来源是自有机械，但外包服务占比也很高。

表6-3　农户使用农机的来源情况　　单位:%

	耕地	播种/插秧	打药	灌溉	收割	脱粒
小麦生产						
外包（雇机器和操作手）	65.80	60.66	2.63	40.26	86.73	43.12
自有	24.96	28.68	31.58	49.61	1.19	38.41
租用机器，自己出工	8.26	8.62	7.89	7.01	8.74	8.33
免费借用机器	0.36	0.63	/	/	0.11	6.16
亲友免费帮忙	0.45	1.41	2.63	/	0.54	2.54
其他	0.18	/	55.26	3.12	2.70	1.45
水稻生产						
外包（雇机器和操作手）	57.48	38.51	/	19.61	91.92	41.52
自有	33.10	50.00	70.83	55.29	2.36	40.29
租用机器，自己出工	5.86	4.73	8.33	6.27	4.63	2.95
免费借用机器	0.45	1.35	/	2.16	0.18	6.39
亲友免费帮忙	1.65	3.38	/	0.98	0.36	7.86
其他	1.46	2.03	20.84	15.69	0.54	0.99

续表

	耕地	播种/插秧	打药	灌溉	收割	脱粒
玉米生产						
外包（雇机器和操作手）	41.63	35.51	38.63	16.30	78.48	53.42
自有	50.43	59.22	55.58	66.77	11.36	22.16
租用机器，自己出工	6.07	3.21	0.86	7.21	6.13	14.14
免费借用机器	0.39	0.57	/	/	0.30	3.87
亲友免费帮忙	1.25	1.37	1.07	2.19	0.75	4.68
其他	0.23	0.11	3.86	7.52	2.99	1.71

资料来源：笔者根据 IFPRI 补充调查数据整理。

表 6－4 汇报了农户自成为固定观察点、观察户以来的农业机械投资情况。从不同类型机械农户的购买数目看，农户购买拖拉机、旋耕机、播种机和脱粒机的农户数目相对较多，而购买收割机和插秧机的农户数目相对较少。这一方面与不同机器的价格大小有关，农户购买收割机和插秧机的平均花费分别为 47113.56 元和 13248.70 元，而购买旋耕机、播种机和脱粒机的平均花费分别为 4263.61 元、2945.53 元和 1156.50 元；这背后的逻辑可能是农户倾向于将需要大额度农机投资的生产环节外包给农机服务商，而需要小额度农机投资的生产环节自行购买机器并操作。另一方面，从整体上看，购买机械的农户数占从事农业生产的农户数目的比例较低，特别是在插秧和收割等粮食生产的主要生产环节，这在一定程度上印证了上文所传达的观点，在粮食生产中农户更多地利用外包服务来减少劳动力的投入。

表 6－4　农户的机械投资情况

	拖拉机	收割机	旋耕机	播种机	插秧机	脱粒机
购买机械农户数（户）	941	59	302	287	46	298
平均花费（元）	13036.90	47113.56	4263.61	2945.53	13248.70	1156.50

数据来源：笔者根据 IFPRI 补充调查数据整理。

表6－5汇报了三种粮食作物主要生产环节的农机服务价格。从表6－5中可以看出，从整体上看，水稻生产中的农机服务价格最高，尤其是水稻的插秧环节，平均价格达到了141.92元/亩。就小麦和玉米两种作物而言，耕地和收割环节的机械服务价格较高。

表6－5　农机服务的价格　　单位：元/亩

	耕地	播种/插秧	打药	灌溉	收割
小麦	69.82	42.80	10.00	42.44	80.00
水稻	106.14	141.92	17.5	56.60	94.39
玉米	67.04	30.22	6	38.46	69.86

数据来源：笔者根据IFPRI补充调查数据整理。

表6－6汇报了三种粮食作物主要生产环节的农机服务来源。补充调查收集了提供付费的机器和服务的来源（农户、农机站、合作社、农业机械租赁公司和其他）的相关信息。从表6－6中可以看出，从目前情况看，粮食生产中的付费机器和服务大部分来源于拥有农机的农户，农机服务的其他供给主体，比如合作社等的组织机构发育较为缓慢。虽然农机户、农机服务公司、农机服务合作社等组织形式提供的有偿服务均被称为“农机社会化服务”，但不同服务主体在农机服务的质量、农机维修的专业程度等方面还存在着一定的差异。

表6－6　付费机器或服务的供给主体　　单位:%

	耕地	播种/插秧	打药	灌溉	收割	脱粒
小麦生产						
农户	98.60	97.13	100	94.85	93.77	93.83
农机站	0.12	0.44	/	/	0.68	/
合作社	0.47	1.10	/	/	0.34	2.47
农业机械租赁公司	0.12	/	/	/	2.38	/
其他	0.70	1.32	/	5.15	2.83	3.70

续表

	耕地	播种/插秧	打药	灌溉	收割	脱粒
水稻生产						
农户	97.86	97.44	100	56.05	83.24	84.07
农机站	0.49	/	/	/	0.47	1.77
合作社	0.68	/	/	38.12	3.35	7.96
农业机械租赁公司	0.10	1.28	/	/	4.56	0.88
其他	0.88	1.28	/	5.83	8.38	5.31
玉米生产						
农户	93.69	89.20	95.31	83.00	98.28	98.78
农机站	0.45	1.03	0.52	/	0.86	0.41
合作社	/	/	/	1.00	0.17	0.14
农业机械租赁公司	0.45	/	/	/	0.17	/
其他	5.41	9.77	4.17	16.00	0.52	0.68

数据来源：笔者根据 IFPRI 补充调查数据整理。

表6－7汇报了在粮食生产中耕地和播种环节所用机械的功率情况。考虑到一些规模经营户采用特大型机械会大幅提高农户使用机械功率的平均水平，因此表6－5同时汇报了农户使用机器马力的中位数和平均数。根据我国农机统计的口径，20 马力以上的机械通常被认为是大中型机械，而 20 马力以下的机械被认为是小型机械。从农户使用机械马力大小的中位数上看，在小麦和水稻生产中，多数农户使用的还是小型机械，而在玉米生产中，农户使用中大型机械的比重较高，这可能与样本中生产玉米的农户主要集中在黑龙江和山东等土地经营规模相对较大的地区有关。另外，对比农户使用机械的中位数和平均数可以发现，平均数要显著大于中位数，表明在粮食生产中存在一定比例的农户使用特大型机械。通常我们认为机械技术仅仅能够减轻劳动强度、提高作业效率，然而最近农业工程技术上的一些文献指出，机械技术，尤其是大型机械对农业生产的产量也有着

一定的促进作用。虽然近年来我国农业机械化水平得到了迅速提高，但是农机，尤其是土壤耕作机械小型化的趋势明显（冯启高和毛罕平，2010）。长期利用小型农机会导致土壤严重板结，形成坚硬的犁底层（石彦琴等，2010），而大功率机械的深松作业能够打破犁底层，增强了土壤蓄水保肥的能力，促进根系生长和提升作物产量。大型机械除了能够改善土壤质量以外，蒋亦元（2011）认为大型、宽幅、高速作业的机型能够大大提高作业效率，缩短作物的播种期，增加有效积温，进而提高粮食单产①。另外，一些研究证明机械定位深施可以提高土壤肥力（舒时富等，2013）；机械栽插能够提高产量（程建平等，2009；李学武等，2011）。

表 6－7　粮食生产所用机械的功率情况　　单位：马力

	小麦		水稻		玉米	
	耕地	播种	耕地	播种	耕地	播种
机械功率的中位数	15	18	15	5.5	20	20
机械功率的平均数	37.26	23.40	43.21	11.91	86.84	37.97

资料来源：笔者根据 IFPRI 补充调查数据整理。

6.2　粮食生产中机械对劳动力替代弹性的测算

6.2.1　替代弹性测算的函数设定及估计

本研究通过估计超越对数成本函数的办法来测算要素之间的替代弹性。在估计超越对数成本函数之前，首先确定要素投入指标。在估计超越对数成本函数的

① 理论上而言，农户在不同农机选择上的差异会对粮食生产产生一定的影响，而这超出本研究所讨论的范围。

过程中，如果选取的要素投入指标过多，会影响超越对数成本函数的估计效率（郝枫，2015）。因此，本研究在估计超越对数成本函数时，选取了劳动力、机械、化肥三种粮食生产中最主要的生产要素。另外，生产要素价格的计算方式已经在第3章中给出了详细的介绍。

根据上述公式本研究计算了农户粮食生产中的亩均劳动力成本，并结合亩均机械费用、亩均化肥费用共同考察了粮食生产中的成本结构，具体可见表6-8。此处要素份额的计算公式是使用各要素投入费用除以三种要素总费用。从表6-8中可以看出，各地区粮食生产中，从价值量上看劳动力成本已经成为占比最重的要素投入[①]。表6-8中的数据显示，小麦、水稻和玉米三种粮食作物中，劳动力的费用份额已经分别占到了58.90%、60.82%和65.06%。这与《全国农产品成本收益资料汇编》中的数据也较为一致，2013年的数据显示，三种粮食生产中劳动力费用占生产成本的比重分别为45.13%、51.09%和55.83%。

表6-8　粮食生产中的要素份额　　单位:%

指标	小麦	水稻	玉米
劳动力费用份额	58.90	61.82	65.06
机械费用份额	18.14	16.59	12.86
化肥费用份额	22.96	21.59	22.08

资料来源：笔者根据农村观察点调查数据整理。

考虑到成本份额的可加性，在实际估计的过程中，本研究选取对劳动力、机械这两个成本份额方程进行估计，并根据系统方程的估计方法，对上述三个成本份额函数施以对称限制。所有自变量和因变量都采用对数形式。本研究采用似不相关回归（Seemingly Unrelated Regression，SUR）的方法对系统方程进行估计。表6-9是全体样本的粮食成本的成本份额函数估计结果。通过上述回归结果，我们可以计算在小麦生产中，机械与劳动力的替代弹性为1.07；在水稻生产中，

① 不同地区要素份额的描述性分析已在附表中给出。

机械与劳动力的替代弹性为0.65；在玉米生产中，机械与劳动力的替代弹性为0.96。

表6-9 粮食生产的成本份额函数估计结果

	劳动成本份额	机械成本份额	化肥成本份额
		小麦方程	
劳动力价格	-0.095*** (-7.49)	0.007 (0.97)	0.089*** (9.36)
机械价格	0.007 (0.97)	0.014** (2.31)	-0.020*** (-3.54)
化肥价格	-0.135*** (-12.65)	0.033*** (5.27)	0.102*** (12.77)
小麦单产	-0.009 (-0.95)	0.005 (0.78)	0.005 (0.66)
常数项	1.147*** (17.57)	0.022 (0.53)	-0.168*** (-2.93)
R^2	0.1714	0.0424	/
样本量	1290	1290	1290
		水稻方程	
劳动力价格	0.141*** (12.84)	-0.035*** (-6.85)	-0.106*** (-10.20)
机械价格	-0.035*** (-6.85)	0.032*** (7.18)	0.004 (0.56)
化肥价格	-0.010 (-0.70)	0.031*** (3.99)	-0.020* (-1.66)
水稻单产	-0.070*** (-4.18)	0.048*** (5.59)	0.021 (1.54)
常数项	0.578*** (5.12)	-0.144** (-2.33)	0.566*** (5.35)
R^2	0.0909	0.0659	/
样本量	1381	1381	1381
		玉米方程	
劳动力价格	-0.019** (-2.55)	-0.004 (-0.99)	0.015** (2.38)
机械价格	-0.004 (-0.99)	-0.015*** (-5.07)	0.012*** (2.78)
化肥价格	0.026** (2.31)	-0.015** (-2.53)	-0.011 (-1.28)
玉米单产	-0.035*** (-3.44)	-0.001 (-0.28)	0.036*** (4.74)
常数项	0.909*** (13.53)	0.196*** (5.23)	-0.105* (-1.73)
R^2	0.0096	0.0092	/
样本量	2319	2319	2319

注：*、**和***分别表示在10%、5%和1%的水平上显著；括号内为估计系数的t统计量。化肥成本份额函数的系数根据齐次性约束条件计算所得，故没有汇报R^2。

6.2.2 不同省份机械对劳动力的替代弹性估计结果

为了比较不同省份之间机械—劳动力替代弹性的差异，需要分别对每个省的超越对数成本函数进行估计，进而计算出各个省份的机械—劳动力替代弹性结果。本研究采用上述方法对各省的成本份额函数逐一进行估计，个别省份由于种植制度等原因没有农户从事某一作物的生产（例如，黑龙江省和江西省没有农户种植小麦；另外，有些省份由于只有个别农户从事某一类别的粮食作物生产，也无法得到有效的估计结果），最终各省份粮食生产的成本份额函数[①]的估计结果见表6－10。根据超越对数成本函数的估计结果，将相应的系数代入本研究第3章给出的公式，本研究分别计算了8个样本省份粮食生产的机械—劳动力替代弹性，具体结果如表6－10所示。

根据替代弹性的定义我们可知，如果替代弹性大于0，表明两个生产要素之间是替代关系；如果替代弹性小于0，表明两个生产要素之间是互补关系。根据表6－10可知，所有省份的粮食作物生产中，机械对劳动力的替代弹性为正，表明在各省份粮食作物生产中劳动力和机械两个生产要素之间呈现的是一种替代关系，劳动力价格的上升将诱使农户选择减少劳动力投入技术的采用。然而，虽然各省份粮食生产中劳动力和机械要素体现的是一种替代关系，但不同省份间替代弹性的大小仍有一定差异。就小麦生产而言，江苏、山东的机械—劳动力替代弹性较高，而湖北、四川和甘肃的机械—劳动力替代弹性较低，分别为0.93、0.97和0.75；就水稻生产而言，黑龙江、江苏、江西和山东的机械—劳动力替代弹性较高，而湖北的和四川的机械—劳动力替代弹性较低，分别为0.94和－0.24（不显著）；就玉米生产而言，黑龙江、江苏和山东的机械—劳动力替代弹性较高，而湖北、四川和甘肃的机械—劳动力替代弹性较低，分别为0.65、0.87和－0.21（不显著）。

① 成本份额函数估计出来的参数就是对应的超越对数生产函数中的参数估计值。

表 6－10　不同省份不同作物的机械—劳动力替代弹性

	黑龙江	江苏	浙江	江西	山东	湖北	四川	甘肃
小麦	/	1.11*** (6.39)	/	/	3.48*** (2.55)	0.93*** (2.74)	0.97*** (4.78)	0.75*** (6.33)
水稻	1.44*** (5.24)	1.67*** (4.40)	0.48*** (2.67)	1.37*** (9.10)	2.21*** (3.61)	0.94*** (5.77)	−0.24 (−0.82)	/
玉米	2.62*** (14.64)	1.59*** (11.59)	/	/	1.01*** (6.82)	0.65*** (4.69)	0.87*** (2.95)	−0.21 (−1.43)

注：*、**和***分别表示在10%、5%和1%的水平上显著；括号内为估计系数的t统计量；表中空缺则表示没有生产该种粮食作物或对应的农户数较小，无法得出有效的估计结果。

资料来源：笔者根据回归结果计算。

本研究意在从不同区域的机械—劳动力替代弹性出发，分析劳动力转移对不同区域粮食生产影响的异质性。通常认为，替代弹性的值越大，表明要素之间的替代性越强；通常以替代弹性等于 1 为界限，将替代弹性大于 1 认定为强替代关系，将替代弹性小于 1 认定为弱替代关系（郝枫，2015）。本书根据表 6－10 的结果，将不同省份分为“高替代弹性”省份和“低替代弹性”省份两类；就小麦而言，本书将江苏、山东两省划入“高替代弹性”省份，将湖北、四川和甘肃三省划入“低替代弹性”省份；就水稻而言，本书将黑龙江、江苏、江西和山东四省划入“高替代弹性”省份，将湖北、四川两省划入“低替代弹性”省份；就玉米而言，本研究将黑龙江、江苏和山东三省划入“高替代弹性”省份，将湖北、四川和甘肃三省划入“低替代弹性”省份。本书在分析劳动力外出务工对粮食单产的区域异质性时将以此分类标准作为基础。

上述替代弹性的计算及其分类结果也较为符合我们对各地区机械使用的普遍认知。黑龙江省作为我国重要的粮食生产基地，农业生产多以成片、规模化经营作业为主，机械化程度非常之高；而江苏和山东地处东部沿海发达地区，一方面地形地貌较为平坦适宜机械化作业，另一方面农户家庭外出务工的程度高，家庭收入较为发达，农户倾向于利用机械替代劳动力，甚至地方政府正在不断对农机服务进行补贴支持和大力推广，因此，这些区域的机械化程度也相对较高。而就湖北、四川和甘肃等省份而言，一方面，地处中西部地区，地形地貌主要以丘陵山区为主，并不太适合机械（尤其是大型机械）的运作，同时机械服务的成本也相对较高；另一方面，从整体上而言，该地区农户的收入水平也相对较低，政府的支持和推广力度也远不及东部发达地区，农户机械的机械采用率则相对较低。

另外，国内一些研究的基本结果也在一定程度上支持本研究对于样本的分类。张敏等（2016）构建了多指标评价体系对各省的农业机械化水平进行综合评价，结果表明黑龙江、江苏和山东的综合评价位列前三；黑龙江农业机械化起步较早，但发展速度也非常迅猛，2011 年的农机总动力已达 4097. 8 万千瓦，农机综合作业水平达到了 96. 9%（王新利和赵琨，2014）；江西虽然地处丘陵地带，但由于水稻生产对江西的重要性，水稻播种面积排名全国第二，水稻总产量占全省粮食总产量的 90% 以上，因此以 2012 年为例，江西水稻生产的综合机械化水平也高达 59. 5%（廖禺等，2014），高于样本省份中的湖北、四川和甘肃等地。郭晓鸣和左喆瑜（2015）对四川的研究发现，该区域的农户面对劳动力的稀缺，并没有广泛地采取机械技术，而是主要以亲戚朋友帮忙或者雇工等人力方式解决；周晶和丁士军（2013）发现，湖北省近年来虽然农业机械化发展迅猛，但从 2011 年的数据看，耕种收综合机械化率仅为 30. 6%，远低于同期的全国平均水平；何杰（2014）分析了甘肃省农机化的发展现状，研究表明 2012 年甘肃省耕种收综合机械化率仅为 40. 02%，远低于同期的全国平均水平。因此，本研究得出的不同省份的机械—劳动力替代弹性有着较强的现实基础，同时也得到了其他学者研究的支持。

6.3 劳动力外出务工对粮食单产影响的实证结果

6.3.1 变量设定与描述性统计分析

本部分研究所用数据是农业部固定观察点数据和国际食品政策研究所补充调查数据的合并数据库，在剔除不从事粮食生产的农户之后，8个省份的农户样本共得到4309个观察值①。表6-11是本章节实证部分所用变量的描述性统计分析。

表6-11 本章节主要变量的描述性统计

变量	变量定义	平均值	标准差
小麦单产	平均单产水平，等于小麦总产量除以小麦播种面积（千克/亩）	364.93	164.01
水稻单产	平均单产水平，等于水稻总产量除以水稻播种面积（千克/亩）	509.18	127.38
玉米单产	平均单产水平，等于玉米总产量除以玉米播种面积（千克/亩）	473.16	170.36
外出务工比例	到本县外务工的劳动力占家庭劳动力之比（%）	28.52	31.70
年龄	家庭劳动力的平均年龄（岁）	47.55	10.52
受教育程度	家庭劳动力的平均受教育年限（年）	7.03	2.30
家庭劳动力人数	家庭总劳动力人数（人）	3.20	1.19
劳动力占比	家庭劳动力数目占家庭总人口的比重（%）	87.78	15.33
生产性资产	年末拥有生产性固定资产原值（千元）	0.09	0.22
家庭耕地面积	农户实际经营耕地面积（亩）	11.26	19.83

数据来源：笔者根据农村固定观察点数据整理。

① 存在部分参与常规调查的农户由于种种原因未参加此次补充调查，导致此处的样本数量与前文分析机械投入时的样本数量存在一定的差异，但这并不影响此处的分析。

表6－7的数据显示。除了粮食单产存在的差异以外，从表6－7中发现，两类农户的其他控制变量也存在显著差异，这样表明农户的劳动力外出行为并不是外生的，在实证模型中需要采用一定的方法加以处理。

6.3.2 劳动力外出务工对单产水平的回归结果

6.3.2.1 基本回归结果

表6－12汇报了利用最小二乘法（OLS）和工具变量法（IV）对总体样本进行回归分析的结果。在进行具体分析和讨论之前，首先对工具变量法的模型设定进行相关检验。首先，工具变量法估计的第一阶段结果表明①，村外出务工网络对农户家庭外出务工劳动力比例有非常显著的影响，统计检验在5%的水平上显著。其次，从列（2）、列（4）和列（6）底端的工具变量检验来看，工具变量的不可识别检验（Underidentification Test）和弱工具变量检验（Weak Identification Test）都显著拒绝了原假设，表明在三种粮食单产方程中的工具变量有效。对OLS和IV是否存在系统性差异（即变量农户家庭外出务工劳动力比例是否内生变量）的Hausman检验显著拒绝了原假设，表明本书的模型确实存在内生性问题，采用工具变量法是适宜方法，本研究下述分析与讨论主要基于面板数据工具变量法的回归结果展开。就第一阶段的回归结果，本章节在此处不做过多阐述，主要变量的回国结果与第5章的结果相类似。

表6－12 外出务工对粮食单产影响的实证结果

	小麦		水稻		玉米	
	OLS（1）	IV（2）	OLS（3）	IV（4）	OLS（5）	IV（6）
关键变量						
外出务工比例	－0.210 （－1.29）	－11.374 （－1.56）	－0.537*** （－4.12）	－4.181** （－2.10）	－0.399*** （3.03）	－6.628* （－1.75）

① 限于篇幅原因，第一阶段的回归结果并未在此汇报，具体回归结果可见表6－17。

续表

	小麦		水稻		玉米	
	OLS（1）	IV（2）	OLS（3）	IV（4）	OLS（5）	IV（6）
控制变量						
年龄	1.111**	-4.290	-1.144***	-2.472***	0.213	-2.411
	(2.54)	(-1.18)	(-3.07)	(-2.87)	(0.60)	(-1.45)
受教育程度	2.444	3.033	2.036	0.619	3.821***	5.682**
	(1.37)	(0.78)	(1.41)	(0.32)	(2.61)	(2.43)
劳动力数目	-3.272	50.908	1.122	26.906*	10.324***	42.773**
	(-0.87)	(1.40)	(0.36)	(1.84)	(3.32)	(2.12)
劳动力占比	-0.162	-2.043	0.538**	-0.267	-0.689***	-1.782**
	(-0.59)	(-1.50)	(2.39)	(-0.51)	(-3.04)	(-2.43)
培训	53.645***	80.445***	3.657	24.197	82.330***	108.723***
	(5.55)	(2.96)	(0.33)	(1.35)	(10.27)	(5.57)
家庭耕地面积	-0.415*	-1.643**	-0.415*	-1.643**	-2.080***	-3.252***
	(-1.75)	(-2.24)	(-1.75)	(-2.24)	(-10.63)	(-4.27)
生产性资产	0.088	-0.387	0.047	-0.657	0.133	-0.143
	(0.64)	(-0.90)	(0.29)	(-1.52)	(1.52)	(-0.69)
省份虚拟变量	控制	控制	控制	控制	控制	控制
常数项	327.474***	782.468**	528.507***	717.168***	586.308***	867.404***
	(8.09)	(2.53)	(15.95)	(6.46)	(19.20)	(4.94)
拟合优度检验	37.30***	2.96*	5.22***	9.18***	40.79***	5.49**
不可识别检验	/	2.98*	/	9.18***	/	5.51**
弱工具变量检验	/	11.36***	/	6.80***	/	6.01**
Hausman 检验	/	10.89***	/	5.24**	/	5.33**
样本量	1290	1290	1381	1381	2319	2319

注：*、**和***分别表示在10%、5%和1%的水平上显著；括号内为估计系数的t统计量。限于篇幅原因，工具变量法第一阶段的回归结果将在表6-17中统一汇报，此处略去。

表6-12的结果显示，无论是OLS的结果还是IV的结果，劳动力外出务工对小麦的单产水平没有显著影响。正如上文所言，三种粮食作物生产中，小麦的机械化水平最高，劳动力用工相对较少，因此劳动力外出务工对小麦的单产水平

没有影响。然而，水稻和玉米的回归方程显示，农户家庭外出务工比例对水稻和玉米作物的单产水平有着一定程度的负向影响，且这种影响在统计意义上显著。Rozelle等（1999）对中国北方的玉米生产研究也发现，劳动力迁移降低了农户玉米生产的单产水平。对比三组模型的回归结果表明，劳动力外出务工对不同作物单产水平的影响存在一定的异质性，对机械化程度较高的小麦作物没有影响，但对机械化程度相对较低的水稻和玉米作物有着一定的负向影响。

其他解释的回归结果也较符合本研究的预期。家庭劳动力的平均年龄对三种粮食作物的单产系数均为负，但只有在水稻方程中具有统计意义上的显著关系（1%的显著水平上），这可能跟水稻生产相对烦琐，更耗费劳动力有关。家庭劳动力的平均受教育程度对三种粮食作物的亩均单产水平有正向影响，但这种正向影响只在玉米方程中显著。农业技术培训对农户小麦和玉米生产的单产水平的系数为正，并且均在1%的统计水平上显著，表明家庭成员接受农业技术培训有利于小麦和玉米单产水平的提高，但农业技术培训的效果在水稻生产中却并不显著。在三组模型中，家庭耕地面积对三种粮食作物亩均单产水平均有着显著的负向影响，农户经营的耕地面积越大，粮食的单产水平越低。这与发展经济学中的"逆向假说"（Inverse Relationship）相一致，农户经营的耕地面积越大，在劳动力市场不完善的情况下，土地产出率越低。家庭劳动力数目对水稻单产和玉米单产有着正向影响，且系数分别在10%和5%的水平上显著。而家庭劳动力对小麦单产的影响却并不显著。这可能与水稻和玉米生产用工较多，而小麦生产用工较少有关。生产性资产的价值对三种作物的单产水平均没有显著影响。

6.3.2.2 考虑替代弹性差异的区域异质性结果

在讨论外出务工对粮食单产水平影响的区域异质性之前，我们首先看一下不同省份农户的要素投入水平及其差异。表6-13汇报了区分要素替代弹性差异后，不同省份农户要素投入水平及其差异。从表6-13中可以看出，"高替代"省份和"低替代"省份的劳动力及机械投入存在着较大差异。首先，从要素价格上看，三种粮食作物生产中，"高替代"省份的机械使用价格均要低于"低替代"省份，但"高替代"省份粮食生产的亩均机械费用要高于"低替代"省份粮食生产的亩均机械费用，表明前者在粮食生产中的机械投入强度更大。相较于亩均机械投入而言，亩均劳动力投入则表现出不同的数量关系，在“高替代”省份中，小麦、水稻和玉米的亩均劳动力投入分别为10.87工/亩、10.08工/亩和10.82工/亩，而在“低替代”省份中，这三种粮食作物的亩均劳动力投入分别为18.46工/亩、22.96工/亩和19.13工/亩，“低替代”省份中的粮食生产的劳动力投入将近是“高替代”省份劳动力投入的2倍。从总体上而言，两类省份在粮食生产中表现出不同的行为逻辑，“低替代”省份的粮食生产劳动力投入水平依然较高，因此劳动力外出务工对这些省份的粮食生产可能会有一定的负向影响。

表6－13　不同机械—劳动力替代弹性下农户要素投入水平

指标		“高替代”省份	“低替代”省份	t－test（P－value）
机械价格（元/亩）	小麦	65.602	98.151	0.000
	水稻	77.353	109.757	0.000
	玉米	67.911	101.915	0.000
机械投入费用（元）	小麦	128.682	87.753	0.000
	水稻	138.765	109.809	0.000
	玉米	84.978	78.448	0.038
劳动力投入（工/亩）	小麦	9.872	16.456	0.000
	水稻	10.087	22.962	0.000
	玉米	10.829	19.131	0.000

资料来源：笔者根据农村固定观察点数据整理。

本研究认为，不同区域机械—劳动力替代弹性的差异主要反映了不同地区农户对机械采用率的差异。表6－14汇报了“高替代”省份和“低替代”省份农户粮食生产中主要生产环节的机械化水平。从表6－14中可以看出，三种粮食作物主要生产环节在“高替代”省份农户的机械化水平均要高于“低替代”省份农户，且均在统计意义上显著。这在一定程度上表明“高替代”省份的农户相较于“低替代”省份的农户而言，倾向于更多地使用机械来替代劳动力。

表6-14 粮食作物主要生产环节的机械化水平及区域差异 单位:%

生产环节	小麦			水稻			玉米		
	"高替代"	"低替代"	t-test	"高替代"	"低替代"	t-test	"高替代"	"低替代"	t-test
耕地	98.60	91.95	0.001	99.20	90.61	0.000	81.93	76.52	0.023
播种	63.18	48.75	0.000	19.31	1.73	0.000	75.82	22.86	0.000
收割	97.28	65.34	0.000	79.59	61.74	0.000	59.32	20.90	0.000

资料来源：笔者根据IFPRI补充调查数据整理。

表6-15和表6-16分别是按照机械—劳动力替代弹性大小将样本分成"高替代"省份和"低替代"省份两个子样本后，劳动力外出务工对三种粮食单产水平影响的回归结果。同上文的分析思路，本章同时汇报了通过最小二乘法（OLS）和工具变量法（IV）的回归结果，并根据工具变量法的相关检验对模型设定及其工具变量的优劣进行判定，最终根据Hausman检验的结果决定分析讨论结果的模型。根据模型设定检验的结果，在"高替代"省份（见表6-15），小麦选取的是工具变量法（IV）的回归结果，玉米和水稻选取的是最小二乘法（OLS）的回归结果；本研究下述分析与讨论主要基于上述模型的选取结果展开；在"低替代"省份（见表6-16），小麦和玉米选取的是工具变量法（IV）的回归结果，水稻选取的是最小二乘法（OLS）的回归结果。

就小麦而言，外出务工比例对小麦的单产水平在"高替代"省份样本中和"低替代"省份样本中均没有显著影响。相对于其他作物而言，小麦各个生产环节均实现了机械化，而且本身对劳动力的需求较少，因此外出务工对小麦的单产并没有多大影响；且从上文的描述性统计分析中可以看出，虽然"低替代"省份中的小麦生产的劳动力投入要高于"高替代"省份中的劳动力投入，但"低替代"省份中的小麦生产的劳动力投入却明显小于同为"低替代"省份中的水稻和玉米的劳动力投入。

表 6-15 外出务工对"高替代"省份粮食单产影响的实证结果

	小麦		水稻		玉米	
	OLS (1)	IV (2)	OLS (3)	IV (4)	OLS (5)	IV (6)
关键变量						
外出务工比例	0. 051 (0. 24)	-18. 350 (-0. 78)	-0. 175 (-0. 80)	-21. 795 (-1. 28)	0. 158 (1. 10)	0. 516 (0. 24)
控制变量						
年龄	1. 198 ** (2. 07)	-9. 217 (-0. 68)	-0. 293 (-0. 59)	-3. 584 (-0. 93)	0. 296 (0. 73)	0. 460 (0. 43)
受教育程度	5. 271 ** (2. 29)	7. 531 (0. 86)	7. 086 *** (3. 48)	25. 579 (1. 37)	2. 721 (1. 59)	2. 645 (1. 49)
劳动力数目	-9. 909 ** (2. 16)	63. 349 (2. 16)	19. 311 *** (4. 60)	75. 197 (1. 50)	21. 759 *** (5. 89)	19. 826 (1. 61)
劳动力占比	-0. 146 (0. 42)	-4. 648 (-0. 79)	0. 239 (0. 71)	-1. 212 (-0. 54)	-0. 850 *** (-3. 25)	-0. 805 ** (-2. 13)
培训	73. 868 *** (6. 34)	179. 899 (1. 27)	4. 056 (0. 20)	241. 667 (1. 10)	44. 180 *** (4. 55)	43. 492 *** (4. 12)
家庭耕地面积	-4. 298 *** (5. 43)	-7. 555 (-1. 50)	-0. 783 *** (-4. 71)	-3. 840 (-1. 49)	-1. 666 *** (-9. 71)	-1. 593 *** (-3. 35)
生产性资产	0. 646 *** (2. 86)	-0. 768 (-0. 39)	0. 160 (0. 96)	-1. 101 (-0. 79)	-0. 118 (-1. 36)	-0. 114 (-1. 28)
省份虚拟变量	控制	控制	控制	控制	控制	控制
常数项	226. 473 *** (4. 27)	1584. 594 (0. 91)	444. 911 *** (10. 67)	711. 116 ** (2. 23)	554. 870 *** (17. 23)	539. 653 *** (5. 51)
拟合优度检验	12. 63 ***	0. 65	8. 16 ***	1. 62	21. 50 ***	5. 86 **
不可识别检验	/	0. 658	/	1. 664	/	5. 88 **
弱工具变量检验	/	7. 79 ***	/	68. 10 ***	/	5. 49
Hausman 检验	/	7. 74 ***	/	54. 66 ***	/	74. 07 ***
样本量	618	618	677	677	1361	1361

注：*、** 和 *** 分别表示在 10%、5% 和 1% 的水平上显著；括号内为估计系数的 t 统计量。限于篇幅原因，工具变量法第一阶段的回归结果将在表 6-17 中统一汇报，此处略去。

表6-16 外出务工对“低替代”省份粮食单产影响的实证结果

	小麦		水稻		玉米	
	OLS (1)	IV (2)	OLS (3)	IV (4)	OLS (5)	IV (6)
关键变量						
外出务工比例	-0.512** (-2.14)	-2.967 (-1.59)	-0.295* (-1.87)	1.848 (0.47)	-1.594*** (-6.07)	-21.870** (-2.20)
控制变量						
年龄	1.261* (1.91)	0.256 (0.26)	-1.535*** (-3.42)	-0.662 (-0.39)	-0.665 (-0.98)	-7.746** (-1.98)
受教育程度	-1.390 (-0.52)	-1.547 (-0.54)	-1.622 (-0.93)	-1.855 (-0.96)	5.679** (2.11)	13.460 (1.64)
劳动力数目	5.502 (0.91)	19.405* (1.71)	-4.107 (-1.11)	-19.319 (-0.68)	3.127 (0.56)	100.538** (2.02)
劳动力占比	-0.156 (-0.36)	-0.421 (-0.85)	0.398 (1.52)	0.745 (1.06)	-0.834* (-1.95)	-5.510** (-2.15)
培训	19.112 (1.19)	11.274 (0.63)	6.503 (0.51)	2.330 (0.15)	122.450*** (8.64)	266.676*** (3.33)
家庭耕地面积	-1.900 (-1.29)	-3.403* (-1.82)	-1.414* (-1.81)	-1.374 (-1.63)	-2.579*** (-2.64)	-2.534 (-0.70)
生产性资产	-0.172 (-0.97)	-0.226 (-1.17)	-0.106 (-0.51)	0.374 (0.41)	0.894*** (4.28)	-2.061 (-1.33)
省份虚拟变量	控制	控制	控制	控制	控制	控制
常数项	326.464*** (5.77)	399.738*** (5.14)	594.025*** (14.48)	490.160** (2.49)	586.308*** (19.20)	867.404*** (4.94)
拟合优度检验	4.38***	16.02***	2.96***	1.98	21.60***	4.82**
不可识别检验	/	15.878***	/	1.991	/	4.837**
弱工具变量检验	/	3.63	/	0.25	/	35.22
Hausman 检验	/	2.55	/	0.34	/	30.48***
样本量	671	671	704	704	950	950

注：*、**和***分别表示在10%、5%和1%的水平上显著；括号内为估计系数的t统计量。限于篇幅原因，工具变量法第一阶段的回归结果将在表6-17中统一汇报，此处略去。

然而，就水稻和玉米而言，劳动力外出务工对单产的影响却表现出了较强的区域异质性，在“高替代”省份中，外出务工比例对水稻和玉米的单产水平均没有显著影响。从上文的描述性分析中也可以看出，在“高替代”省份中，水稻和玉米的劳动力投入跟机械化程度较高的小麦作物并无多大差异，表明在“高替代”省份中，水稻和玉米的生产中机械也能较好地对劳动力进行替代，农户在两种作物的生产中所需投入的劳动力强度并不非常大，进而劳动力外出务工对两种作物单产水平的影响并不大。以水稻为例，实际上在政府的大力推动和扶持下，在一些经济发达地区水稻生产中实现了较高程度的机械化，机插秧的成功推广大大减少了水稻生产中的劳动力需求，甚至由于有效穗数的提升和通广透风性的改善，还能对粮食单产起到一定的增产效果①（程建平等，2009；李学武等，2011）。

然而，表6－16的结果显示，在“低替代”省份外出务工比例对水稻和玉米的单产水平均有着负向影响。从上文的描述性分析中可以看出，水稻和玉米在“低替代”省份的劳动力投入要显著高于“高替代”省份中的劳动力投入，同时又显著高于同为“低替代”省份小麦生产中的劳动力投入。因此，在机械不能有效替代劳动力的地区，上述两种作物的劳动力需求依然维持在较高水平，因此更容易受家庭劳动力外出的影响。杨宇和李容（2015）的研究表明，在一定约束条件的制约下，劳动力转移并不会导致农业生产中资本劳动比率的明显提高，即很难用资本对劳动力进行有效替代。综上所述，通过对比表6－15和表6－16的结果表明，劳动力外出务工对粮食单产水平的影响存在着一定的区域异质性，在生产条件较差、机械对劳动力替代程度较难的省份，水稻和小麦的单产水平容易受到劳动力外出的影响。

① 虽然在机械技术采纳上的差异会对粮食的单产水平产生影响，但深入的分析与讨论已超出本书的研究范围。

6.4　本章小结

本章利用国际食品政策研究所（International Food and Policy Research Institute，IFPRI）委托农业部固定观察点在常规调查基础上开展的补充调查数据，分析了劳动力转移对三种粮食作物单产的影响及其区域异质性。本章从不同区域间机械对劳动力替代程度上的差异出发，首先通过构建超越对数成本函数测算不同省份之间的机械—劳动力的替代弹性，在此基础之上，将样本分为“高替代”省份和“低替代”省份两类，并比较劳动力转移对三种粮食作物单产的区域异质性。本章节主要得出如下几个初步结论：

（1）通过超越对数成本函数计算所得的机械—劳动力替代弹性存在着一定的区域异质性。在小麦生产中，江苏和山东的农户机械—劳动力替代弹性较高，而湖北、四川和甘肃的农户机械—劳动力替代弹性较低；在水稻生产中，黑龙江、江苏、江西和山东的农户机械—劳动力替代弹性较高，而湖北和四川的农户机械—劳动力替代弹性较低；在玉米生产中，黑龙江、江苏和山东的农户机械—劳动力替代弹性较高，而湖北、四川和甘肃的农户机械—劳动力替代弹性较低。

（2）不同省份的农户在粮食生产中的要素投入行为存在着较大差异，“高替代”省份中农户的机械使用价格要远低于“低替代”省份的农户，但亩均机械投入费用却要高于“低替代”省份的农户，表明“高替代”省份中农户的机械使用强度要高于“低替代”省份的农户。

（3）劳动力外出务工对不同粮食作物的亩均单产水平影响存在差异。本研究的结论显示，劳动力外出务工对农户小麦生产的亩均单产水平没有影响，但对水稻和玉米的亩均单产水平有着一定的负向影响。

（4）劳动力外出务工对不同区域、不同粮食作物的影响存在较强异质性。

在将样本农户分为两类群体之后，本书发现，劳动力外出务工从总体上而言对机械替代程度较高区域农户的粮食单产水平没有影响，但对机械替代程度较低区域农户的水稻单产和玉米单产存在一定的负面影响。

第7章　劳动力外出务工、土地流转与粮食生产

农村人口的变化促进了农村土地租赁市场的发展，在利润最大化的驱使下农户开始逐渐调整自己的生产经营规模，一些农户将耕地转出甚至退出农业生产，而一些农户扩大生产经营规模，演变为专业的种粮大户。迁移模式的变化以及农村剩余人口年龄结构的特征表明在今后的几十年内农村人口可能迅速减少，为土地集中规模经营创造了客观条件。因此，这种由未来农村劳动力外出引起的生产经营方式的转变对于粮食生产的潜在影响也值得深度评估。

本章节的具体研究内容安排如下：首先，对近年来农村土地市场的发育情况进行描述，并考察农村的土地资源在不同农户群体之间的分布情况；其次，分析农村劳动力外出务工对农户土地转入及转出行为的影响，为农村劳动力外出导致的耕地资源再配置提供了一定的判定依据；最后，采用倾向匹配的方法，分析比较土地转入户和土地转出在粮食作物播种面积比例、三种粮食作物单产水平上的差异，并就土地流转对粮食生产影响的区域异质性做出讨论。

7.1　主要变量的描述性分析

7.1.1　农户土地流转的总体形势

就土地流转这个变量而言，农村固定观察点数据给出跟土地流转的相关信息

主要有以下两类：一是年初（末）耕地面积中转包田的面积，二是年内增加（或减少）耕地面积中转包入（或转包出）的面积。虽然这两个指标均反映了农户的土地流转行为，但在考察农户土地流转行为的年际变化及其趋势时有着一定的缺陷。使用前一类指标只能观测出农户现有经营耕地中转包入土地的面积，无法观测出农户是否转包出土地以及转出土地的面积；使用后一类指标只能看出土地当年的变动信息，如土地在以前年份发生了流转（甚至可能在成为固定观察点跟踪户之前），则该指标无法观察到农户土地转入转出的相关信息。

本研究采用另一种简易方法，用农户年末耕地面积减去农户承包田总面积，两项相减之差为正则表明农户有土地转入行为，两项相减之差的数值则为农户转入土地的面积；两项相减之差为负则表明农户有土地转出行为，两项相减之差的绝对值则为农户转出土地的面积；两项相减之差为零则表明农户没有土地转入转出（本研究不考虑农户同时转入土地又转出土地且转入面积和转出面积相等的情形）。由于农村固定观察点从 2009 年的调查中才有记录农户承包田的总面积，因此本研究在表 7－2 中汇报了 2009～2011 年采用此种方法利用全体样本计算出的农户土地流转情况。考虑到异常值可能带来的影响，表 7－2 汇报的是转入土地和转出土地面积的中位数。表 7－2 的数据显示，2009 年转入土地农户占总农户的比重为 10.97%，平均转入面积为 3 亩；到 2011 年转入土地农户占总农户的比重为 10.91%，平均转入面积为 3.7 亩；虽然转入土地的农户占总农户中的比重并未有所增加，但转入土地的平均面积有所增长。2009 年转出土地农户占总农户的比重为 17.42%，转出面积的中位数值为 2.4 亩；到 2011 年转出土地农户占总农户的比重为 20.55%，平均转出面积为 3 亩；转出土地的农户占总农户的比重和转出土地的面积均有所上升。

表 7－1　样本农户参与土地租赁的比例　　单位:%、位

年份	转入户总农户比重	转入面积中位数	转出户占总农户比重	转出面积中位数
2009	10.97	3	17.42	2.4
2010	9.96	3	20.40	2.7
2011	10.91	3.7	20.55	3

资料来源：笔者根据农村固定观察点数据整理。

表7-2 各年份农户土地资源的分布情况

年份		0%～20%	40%	60%	80%	100%
2004	平均耕地面积（公顷）	0.164	2.074	4.006	7.000	23.449
	面积所占比例（%）	0.448	5.651	10.916	19.078	63.907
2005	平均耕地面积（公顷）	0.120	2.015	4.017	7.048	23.219
	面积所占比例（%）	0.330	5.534	11.028	19.352	63.757
2006	平均耕地面积（公顷）	0.066	1.888	3.958	7.072	23.950
	面积所占比例（%）	0.178	5.112	10.714	19.148	64.847
2007	平均耕地面积（公顷）	0.008	1.629	3.793	6.953	24.772
	面积所占比例（%）	0.021	4.384	10.209	18.713	66.673
2008	平均耕地面积（公顷）	0.000	1.477	3.669	6.866	24.289
	面积所占比例（%）	0.000	4.069	10.108	18.914	66.909
2009	平均耕地面积（公顷）	0.000	1.348	3.576	6.737	24.602
	面积所占比例（%）	0.000	3.718	9.860	18.577	67.845
2010	平均耕地面积（公顷）	0.000	1.125	3.423	6.584	23.203
	面积所占比例（%）	0.000	3.277	9.966	19.177	67.581
2011	平均耕地面积（公顷）	0.000	1.069	3.523	7.092	26.327
	面积所占比例（%）	0.000	2.812	9.267	18.658	69.263

资料来源：笔者根据农村固定观察点数据整理。

农户的土地流转使得土地在禀赋不同的农户之间进行了重新配置。表7-3汇报了利用全体样本计算出的各年份农户土地资源的分布情况。从表7-3中可以看出，2004年，最前20%的农户的平均耕地面积为0.16亩，该部分农户所拥有的土地面积占全体农户土地面积的比例为0.45%；最后20%的农户平均拥有的土地面积为23.45亩，该部分农户所拥有的土地面积占全体农户土地面积的比例为63.91%。到2011年，最前20%的农户平均拥有的土地面积为0亩；最后20%的农户平均拥有的土地面积为26.33亩，该部分农户所拥有的土地面积占全体农户土地面积的比例为69.26%。从这个意义上来说，农户间的土地流转拉大了农户之间的土地存量差距，从而也证明了土地流转有助于农户从事规模化的生产经营。

表7-3 劳动力外出务工与农户转入、转出土地的交互分析 单位:%

	外出务工户	非外出务工户
转出比例	21.36	14.87
转入比例	10.55	13.71

资料来源：笔者根据农村固定观察点数据整理。

7.1.2 主要变量间的列联分析

上文采用有缺陷的土地流转指标主要用于对近年来的土地流转趋势进行判断，但正如上文所言，农村固定观察数据库中的相关信息用来识别农户土地流转时仍会存在种种问题。幸好IFPRI补充调查数据中对农户的土地租入、租出行为进行了补充，主要包括农户自成为观察户以来最早一次和最近发生的五次土地租入、租出情况，包括合同终止年份、租入租出面积、租金大小以及租金支付的方式等。因此，本研究在下文的描述性统计分析和经济计量分析中，采用IFPRI补充调查数据对农户的土地流转情况加以识别。表7-4汇报了不同农户的土地流转情况。从表7-4中可以看出，有劳动力外出的农户家庭其转出土地的比例要高于没有劳动力外出的农户：外出务工户中有21.36%的农户有着土地转出行为，而这一比例在非外出务工户中只有14.87%。而就土地转入而言，外出务工户有转入土地行为的农户比例则相对较低，外出务工户中只有10%左右的农户有土地转入行为。当然，描述性统计表明的关系是否成立还有赖于计量模型的进一步实证检验。

表7-4 不同类型农户的种植结构及单产水平

指标	土地转入户	土地转出户
粮食作物播种面积比例（%）	52.92	40.36
小麦平均单产水平（千克/亩）	409.40	365.77
水稻平均单产水平（千克/亩）	535.69	500.93
玉米平均单产水平（千克/亩）	538.78	462.48

续表

指标	土地转入户	土地转出户
“高替代”省份		
粮食作物播种面积比例（%）	68.19	49.08
小麦平均单产水平（千克/亩）	448.48	410.97
水稻平均单产水平（千克/亩）	548.19	554.87
玉米平均单产水平（千克/亩）	517.75	503.64
“低替代”省份		
粮食作物播种面积比例（%）	25.43	32.94
小麦平均单产水平（千克/亩）	368.27	320.57
水稻平均单产水平（千克/亩）	532.54	497.65
玉米平均单产水平（千克/亩）	600.30	432.61

资料来源：笔者根据农村固定观察点数据整理。

表 7－5 汇报了土地转入户和土地转出户在种植结构和粮食单产水平上的差异。从表 7－5 中可以看出，从整体上而言，转入土地的农户在粮食作物播种面积和三种粮食作物的平均单产水平上均大于土地转出户，仅从描述性分析上看，土地流转能够对粮食生产产生一定的促进作用。另外，不同区域、不同类型农户的种植结构和单产水平依然存在着一定差异。表 7－5 样本区分为“高替代”省份和“低替代”省份后农户粮食作物播种面积比例和三种粮食作物的单产水平。就粮食作物播种面积比例而言，“高替代”省份土地转入户的粮食作物播种面积比例要高于土地转出户，而在“低替代”省份，这种关系却恰恰相反。就粮食单产而言，在“高替代”省份土地转入户的小麦单产水平和玉米单产水平要略高于土地转出户，而水稻单产却略低于土地转出户；在“低替代”省份土地转入户三种粮食作物的单产均要高于土地转出户的粮食单产水平。描述性统计只是给出了变量之间的潜在关系，但这种关系是否成立有待于下文的实证检验。

表 7-5　劳动力外出务工对土地流转影响的实证结果

	是否转出 (Logit)	转出次数 (Poisson)	是否转入 (Logit)	转入次数 (Poisson)
关键变量				
外出务工比例	0.009*** (4.04)	0.008*** (4.68)	-0.004* (-1.74)	-0.001 (-0.36)
控制变量				
年龄	0.004 (0.67)	-0.000 (-0.03)	-0.012** (-2.05)	-0.007 (-1.09)
受教育程度	-0.008 (-0.31)	-0.038 (-1.47)	-0.006 (-0.22)	0.051** (2.00)
人均土地面积	-0.146*** (-3.81)	-0.007 (-0.18)	0.068*** (5.97)	0.052*** (8.99)
劳动力数目	-0.227*** (-3.87)	-0.231*** (-4.13)	0.191*** (4.03)	0.244*** (5.31)
劳动力比例	0.010** (2.38)	0.007** (2.09)	-0.011*** (-2.95)	-0.014*** (-3.75)
离公路干线的距离	0.030*** (3.75)	0.049*** (7.12)	-0.078*** (-4.82)	-0.059*** (-5.82)
是否城郊	-0.987*** (-5.31)	-0.980*** (-5.67)	-1.092*** (-5.62)	-1.433*** (-7.25)
省份虚拟变量	控制	控制	控制	控制
常数项	-1.467** (-2.39)	-1.980*** (-2.86)	-0.681 (-1.35)	-0.367 (-0.79)
R^2	0.2215	0.1803	0.2238	0.2012
样本量	4309	4309	4309	4309

注：*、**和***分别表示在10%、5%和1%的水平上显著；括号内为估计系数的t统计量。

7.2　实证结果

7.2.1　劳动力外出务工对土地流转的影响

表 7－6 分别汇报了劳动力外出务工对农户土地转出和土地转入的影响。由于农户是否转出土地以及是否转入土地均是二元选择行为，因此本书采用 Logit 模型分析农户的土地转出及转入行为。表 7－6 的数据验证了上文描述性统计分析中提到的假设，外出务工比例对农户土地转出行为具有正向影响，且这种影响在 1% 的统计意义上显著。与此同时农户家庭外出务工比例会显著地抑制农户转入土地行为的发生。另外，考虑到中国农地细碎化的特点，农户可能同时经营多块土地；因此，表 7－6 同时汇报了外出务工比例对农户土地转出次数和土地转入次数的影响。由于农户土地转出次数和转入次数是一系列非负整数，对于这类计数数据，通常采用“泊松回归”（Poisson Regression）。从表 7－5 中可以发现，外出务工比例对农户转出土地的次数有着显著的正向影响，对农户转出土地的次数有着负向影响，但并没有在统计意义上显著。从整体上而言，随着农户劳动力外出务工程度的加深，农户倾向于将土地的承包经营权转出。

表 7－6　土地流转对粮食生产影响的实证结果

		转入户	转出户	ATT	S. E.	t 值
粮食作物播种面积比例（%）	匹配前	53. 455	41. 392	12. 063	2. 597	4. 65***
	匹配后	53. 455	45. 451	8. 004	4. 716	1. 70*
小麦单产（千克/亩）	匹配前	410. 045	367. 943	42. 103	18. 351	2. 29**
	匹配后	410. 045	393. 674	16. 371	30. 586	0. 54
水稻单产（千克/亩）	匹配前	535. 266	500. 181	35. 085	12. 910	2. 72***
	匹配后	535. 266	519. 244	16. 023	22. 618	0. 71

续表

		转入户	转出户	ATT	S. E.	t值
玉米单产	匹配前	538.729	460.603	78.125	15.600	5.01***
(千克/亩)	匹配后	538.729	492.393	46.336	28.954	1.60

注：*、**和***分别表示在10%、5%和1%的水平上显著。

其他解释的回归结果也较符合本研究的预期。劳动力年龄对农户土地转出决策并没有显著影响，但却显著影响了农户转入土地的决策。随着农户年龄的增大，考虑到农村老年人从事农业生产的普遍性，老年人并不一定转出土地，而是维持一定自给自足的粮食和蔬菜供给，但却没有通过转入土地进而扩大农业生产的动机。耕地面积越大，越倾向于转入土地而非转出土地，表明在现有的经营规模下，面积越大的农户更倾向于转入土地来扩大生产，以进一步实现规模经济。离公路干线的距离越远，农户越倾向于转出土地而不是转入土地。交通条件在一定程度上决定了农产品的销售空间，进而决定了农户产出的销售情况。受教育程度对农户的土地流转决策没有影响。

7.2.2 土地流转对粮食生产的影响

7.2.2.1 基本回归结果

图7-1是土地转入户和土地转出户的匹配效果图。从匹配前的核密度函数可以看出，在匹配前两者的倾向得分（Propensity Score，PS）的分布存在明显差异，即具有不同家庭特征、村庄特征的农户其转入土地与转出土地的概率是不同的；如果直接比较土地转入户和土地转出户之间粮食生产相关指标的差异，所得到的统计推断结果必然是有偏的。而经过匹配之后，倾向得分值之间的差异便明显变小。

表7-7汇报了采用了最近邻匹配的PSM方法，分析土地流转对农户的种植结构和粮食作物单产水平的影响①。从表7-7的结果中可以看出，转入户的粮食

① 限于篇幅原因，本书并没有汇报全部Logit模型的结果。

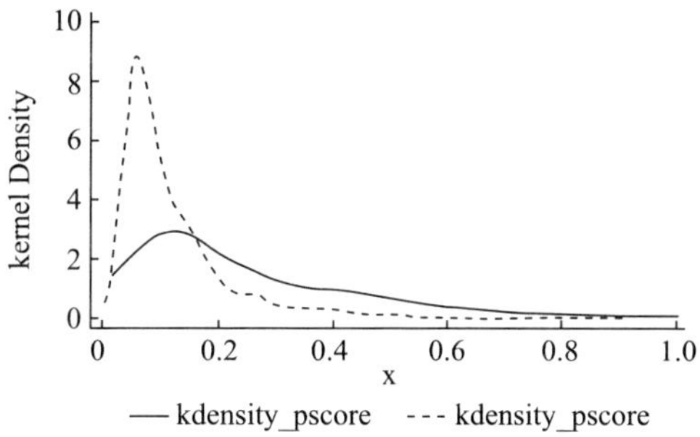

a. 匹配前倾向得分图

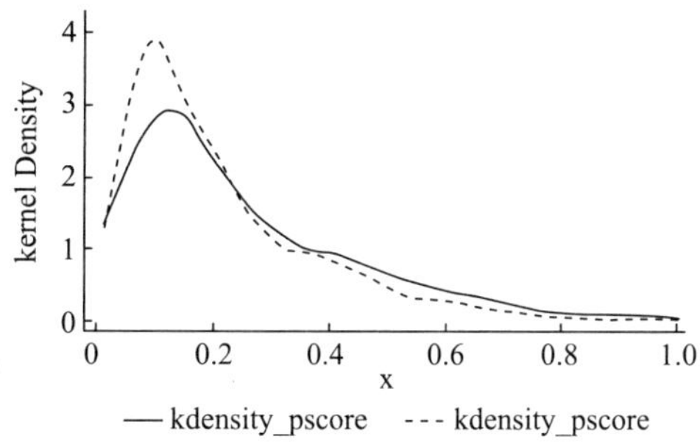

b. 匹配后倾向得分图

图 7－1　匹配前后的倾向得分

作物播种面积比例和转出户的粮食作物播种面积比例分别为 53.455% 和 45.451%，两者的差异在 10% 的统计意义上显著，表明土地转入户更多地从事粮食作物的种植，即土地流转从整体上而言有助于保障粮食安全。然而，就粮食单产水平而言，在控制了样本的选择性偏误后，转入户和转出户在三种粮食作物的单产水平上的差异并不显著。这在一定程度上表明，农户间的土地流转似乎对粮食单产水平的提升并没有显著影响。

表 7－7　土地流转对粮食生产影响的区域异质性

		转入户	转出户	ATT	S. E.	t 值
"高替代"省份						
粮食作物播种面积比例（%）	匹配前	68.425	49.615	18.811	3.551	5.3***
	匹配后	68.425	54.638	13.788	7.063	1.95*
小麦单产（千克/亩）	匹配前	450.750	413.494	37.256	15.655	2.38**
	匹配后	450.750	393.405	57.345	30.149	1.90*
水稻单产（千克/亩）	匹配前	548.188	554.866	－6.678	26.533	－0.25
	匹配后	548.188	551.317	－3.129	11.643	－0.27
玉米单产（千克/亩）	匹配前	517.540	505.771	11.769	13.604	0.87
	匹配后	517.540	518.639	－1.099	19.599	－0.06
"低替代"省份						
粮食作物播种面积比例（%）	匹配前	26.150	34.328	－8.178	3.162	－2.59***
	匹配后	26.150	34.362	－8.212	4.983	－1.65*

续表

		转入户	转出户	ATT	S. E.	T值
"低替代"省份						
小麦单产	匹配前	368.269	324.177	44.091	30.616	1.44
（千克/亩）	匹配后	368.269	398.358	-30.089	52.416	-0.57
水稻单产	匹配前	531.990	496.764	35.227	14.478	2.43**
（千克/亩）	匹配后	531.990	492.150	39.841	30.974	1.29
玉米单产	匹配前	600.299	428.490	171.809	33.790	5.08***
（千克/亩）	匹配后	600.299	426.995	173.304	59.666	2.9***

注：*、**和***分别表示在10%、5%和1%的水平上显著。最近邻匹配选取与处理组样本倾向得分值最为接近的三个控制组样本进行分析。

7.2.2.2 土地流转对粮食生产的区域异质性

正如本研究在理论框架中所提及的，农户做出不同的种植结构调整行为在一定程度上取决于要素替代的可行性和结构调整的可行性，劳动力外出务工对粮食单产水平的影响也在一定程度上取决于要素替代的难易度。按照第6章的思路，本章将样本分为"高替代"省份和"低替代"省份两类，比较了不同区域土地流转对粮食生产的影响，具体结果见表7-8。从表7-8中可以看出，在机械较为容易替代劳动力的区域，土地流转促进了农户的种植结构调整，土地转入户的粮食播种面积比例显著大于土地转出户的粮食播种面积。然而，在不太适宜机械运作的"低替代"省份，转入户的粮食作物种植面积比例要低于转出户粮食作物的种植面积比例，表明在机械较难替代劳动力的地区，农户倾向于转入土地从事其他作物的生产进而降低了粮食作物的播种面积比例。

表7-8 采用核匹配的PSM估计结果

		转入户	转出户	ATT	S. E.	t值
粮食作物播种	匹配前	53.455	41.392	12.063	2.597	4.65***
面积比例（%）	匹配后	53.455	46.864	6.590	3.869	1.70*

续表

		转入户	转出户	ATT	S. E.	T值
小麦单产	匹配前	410.045	367.943	42.103	18.351	2.29**
（千克/亩）	匹配后	410.045	358.674	51.371	29.010	1.77*
水稻单产	匹配前	535.266	500.181	35.085	12.910	2.72***
（千克/亩）	匹配后	535.266	520.007	15.259	19.202	0.79
玉米单产	匹配前	538.729	460.603	78.125	15.600	5.01***
（千克/亩）	匹配后	538.729	488.259	50.469	24.136	2.09**
"高替代"省份						
粮食作物播种	匹配前	68.425	49.615	18.811	3.551	5.3***
面积比例（%）	匹配后	68.425	57.504	10.921	6.284	1.74*
小麦单产	匹配前	450.750	413.494	37.256	15.655	2.38**
（千克/亩）	匹配后	450.750	428.336	22.414	36.925	0.61
水稻单产	匹配前	548.188	554.866	-6.678	26.533	-0.25
（千克/亩）	匹配后	548.188	548.658	-0.470	15.932	-0.03
玉米单产	匹配前	517.540	505.771	11.769	13.604	0.87
（千克/亩）	匹配后	517.540	516.690	0.850	18.524	0.05
"低替代"省份						
粮食作物播种	匹配前	26.150	34.328	-8.178	3.162	-2.59***
面积比例（%）	匹配后	26.150	37.597	-11.447	4.402	-2.6***
小麦单产	匹配前	368.269	324.177	44.091	30.616	1.44
（千克/亩）	匹配后	368.269	310.015	58.253	52.065	1.12
水稻单产	匹配前	531.990	496.764	35.227	14.478	2.43**
（千克/亩）	匹配后	531.990	487.114	44.876	28.900	1.55
玉米单产	匹配前	600.299	428.490	171.809	33.790	5.08***
（千克/亩）	匹配后	600.299	445.513	154.786	54.019	2.87***

注：*、**和***分别表示在10%、5%和1%的水平上显著。

然而就粮食作物的单产水平而言，从整体上而言，土地流转对三种粮食作物的单产水平并没有显著影响。但将样本区分为“高替代”省份和“低替代”省份后，土地流转在部分区域对个别作物的单产水平会产生一定的影响。在“高替代”省份的小麦生产中和“低替代”省份的玉米生产中，土地流入户的单产水平要大于土地流出户的单产水平，且分别在10%和1%的水平上显著。但从整体上而言，土地流转对粮食单产水平的影响并不大。

7.2.2.3　不同匹配方法的稳健性检验

为了检验结果的可靠性，表7－9和表7－10分别给出了采用了核匹配和半径匹配方法得出的结果；其中，核匹配采用的是正态分布下的核匹配方法，半径匹配中设定的半径参数r取值为0.001。表7－9和表7－10的结果显示，采用不同匹配方法得出的结果从整体上而言大致相似。首先，就粮食作物的播种面积比例而言，总体样本在使用半径匹配和核匹配之后，均在10%的水平上显著。其次，就土地流转对不同区域的种植结构而言，其结论与采用最近邻匹配的结论相类似，在“高替代”省份中，土地流转促进了农户种植结构向粮食作物调整，而在“低替代”省份中，这种影响恰恰相反。

表7－9　采用半径匹配的PSM估计结果

		转入户	转出户	ATT	S. E.	t值
粮食作物播种面积比例（%）	匹配前	53.455	41.392	12.063	2.597	4.65***
	匹配后	53.455	47.041	6.414	3.890	1.65*
小麦单产（千克/亩）	匹配前	410.045	367.943	42.103	18.351	2.29**
	匹配后	410.045	352.308	57.737	30.206	1.91*
水稻单产（千克/亩）	匹配前	535.266	500.181	35.085	12.910	2.72***
	匹配后	535.266	521.650	13.616	19.412	0.70
玉米单产（千克/亩）	匹配前	538.729	460.603	78.125	15.600	5.01***
	匹配后	554.951	506.599	48.352	38.618	1.25
“高替代”省份						
粮食作物播种面积比例（%）	匹配前	68.425	49.615	18.811	3.551	5.3***
	匹配后	68.425	57.841	10.584	6.375	1.66*
小麦单产（千克/亩）	匹配前	450.750	413.494	37.256	15.655	2.38
	匹配后	450.750	430.330	20.420	35.691	0.57
水稻单产（千克/亩）	匹配前	548.188	554.866	－6.678	26.533	－0.25
	匹配后	544.413	550	－5.587	40.608	－0.14
玉米单产（千克/亩）	匹配前	517.540	505.771	11.769	13.604	0.87
	匹配后	466.485	515.265	－48.780	37.747	－1.29

续表

		转入户	转出户	ATT	S. E.	T值
"低替代"省份						
粮食作物播种面积比例（%）	匹配前	26.150	34.328	-8.178	3.162	-2.59***
	匹配后	26.150	37.448	-11.298	4.436	-2.55**
小麦单产（千克/亩）	匹配前	368.269	324.177	44.091	30.616	1.44
	匹配后	376.692	290.693	85.999	57.686	1.49
水稻单产（千克/亩）	匹配前	531.990	496.764	35.227	14.478	2.43**
	匹配后	531.990	487.996	43.995	29.501	1.49
玉米单产（千克/亩）	匹配前	600.299	428.490	171.809	33.790	5.08***
	匹配后	614.683	467.205	147.478	103.631	1.42

注：*、**和***分别表示在10%、5%和1%的水平上显著。

再看采用不同匹配方法下，土地流转对粮食作物单产水平的影响。就核匹配的结果而言，土地流转对整体样本中的小麦单产和玉米单产水平，以及“低替代”省份的玉米单产水平有显著影响。就半径匹配而言，土地流转仅对整体样本中的小麦单产产生影响。另外，在采用最近邻匹配时，土地流转对“高替代”省份的小麦单产和“低替代”省份的粮食单产的显著影响，分别在核匹配和最近邻匹配的结果中不显著，表明最近邻匹配中得出关于土地流转对粮食单产水平影响的结论本身并不稳健。综合不同匹配方法的结论，我们可以认为土地流转对农户的单产水平并没有显著影响。贺振华（2003）的研究表明，土地流转并没有增加新的生产要素（如新技术的应用）或者生产要素的数量，因此并没有促进效率的提升。

7.3　本章小结

农村劳动力外出促进了土地市场的发展，引致农户间耕地资源重新配置，而耕地资源的再配置改变了长期以来农户间土地均分的现状，可能会对我国的粮食生产产生重要影响。本章利用农业部农村固定观察点的调查数据，分析了劳动力外出务工对农户土地转入和转出决策的影响。在此基础之上，本章实证分析了农户土地转入对粮食生产的影响。本章主要得出如下几个初步结论：

（1）农村劳动力外出促进了土地市场的发展，近年来随着土地市场的发展，有土地转入行为和土地转出行为的农户占总农户的比重逐年上升。另外，随着土地在农户之间进行不断的再配置，农户间土地均分的现状发生了改变，农户间的土地经营规模存在着一定差距，同时为农户的规模经营创造了一定的条件。

（2）农村人口的变化促进了土地市场的发展，劳动力外出务工对农户土地转出行为有着显著的正向影响，而有劳动力外出的农户家庭却显著降低了其转入土地的概率。就土地流转次数而言，劳动力外出务工对农户转出土地的次数有着显著的正向影响，对转入土地的次数没有影响。

（3）出于对土地流转后带来规模经营的担忧，本研究实证分析了土地流转对农户粮食生产的影响。本研究的结论显示，在目前的经营规模和技术水平下，土地流转对农户的种植结构有着一定的影响，转入户会扩大农户种植粮食作物的比例；但不同区域土地流转对农户种植结构的影响存在着一定的区域异质性，在机械较易替代劳动力的省份，农户倾向于将转入的土地用于扩大粮食生产，而在机械较难替代劳动力的区域，转入土地的农户其粮食作物的播种面积比例更低。另外，从整体上而言，土地流转对粮食种植的单产水平并没有显著影响。采用核匹配和半径匹配的稳健性检验也支持上述的研究结论。

第8章　劳动力外出务工对粮食生产的综合影响

上述几个实证章节主要是利用农户层面的微观数据分析劳动力外出务工对粮食生产的影响机制。从上文的分析中可以看出，农户家庭面对劳动力资源的不足可以采取如下措施加以应对：一是转出土地，降低农业生产的规模，进而减少了农业生产中的劳动力需求；二是在维持一定的土地经营面积下，尽可能地使用机械替代劳动力，抑或是进行产品结构调整，扩大劳动力投入少的粮食作物生产。

使用微观数据的分析虽然能够较为清楚地刻画劳动力转移对粮食生产影响的作用机制，但由于上述两种作用机制分别发生于“农户间”和“农户内”，微观农户数据无法综合地反映劳动力转移对粮食生产的影响，想要完整地回答劳动力外出务工对粮食生产影响的结果，还需要采用区域层面的汇总数据进行分析与讨论。

8.1　主要变量的设定与描述性分析

为了跟前几章的分析匹配，本部分选取了黑龙江、江苏、浙江、江西、山东、湖北、四川和甘肃8个省份，并将8个省份分为“高替代”省份和“低替代”省份两个子样本，利用省级层面的加总数据进行分析探讨。本部分采用传统的柯布—道格拉斯生产函数（Cobb – Douglas Production Function）来分析生产要素的变化对粮食生产的影响。由于 C – D 生产函数应用广泛，本研究并未对其函数性质及表达式作过多的介绍。通常而言，在分析柯布—道格拉斯生产函数时通常在方程两边取对数，将函数形式转换为线性形式后再进行回归分析，则生产函数可以表示为：

$$\ln Y_{it} = \beta_0 + \beta_1 \ln L_{it} + \beta_2 \ln K_{it} + \beta_3 \ln F_{it} + \beta_4 \ln A_{it} \quad (8-1)$$

式中，Y_{it}是粮食的产出变量，用各省的三种主要粮食作物产量的表示；L_{it}、K_{it}、F_{it}和 A_{it}分别代表劳动力、机械、化肥和这四种粮食生产中主要的生产要素。就劳动力投入要素而言，由于统计年鉴中并没有统计劳动力外出的数据，本研究借鉴王跃梅等（2013）、马林静等（2014）和程名望等（2015）的方法，用“直接从事粮食生产的劳动力”这一反向指标作为劳动力外出务工的替代变量，具体计算公式为：种粮劳动力 = 第一产业从业人员数 ×（农业总产值/农林牧渔业总产值）×（粮食作物的播种面积/农作物总播种面积）。土地投入使用三种主要粮食播种面积表示，机械投入使用农业机械总动力表示，化肥投入使用农用化肥施用量表示。另外，本研究通过控制时间虚拟变量的方法来控制技术进步对粮食生产的影响。除此之外，考虑到粮食安全对我国的重要意义，近年来政府通过取消农业税、实行粮食补贴等政策促进粮食的生产，因此本研究以我国开始取消农业税、实行粮食补贴政策的 2003 年为界设置政策虚拟变量，以反映政府政策对粮食生产的影响。进一步地，式（8 – 1）可写成：

$$\ln Y_{it} = \beta_0 + \beta_1 \ln L_{it} + \beta_2 \ln K_{it} + \beta_3 \ln F_{it} + \beta_4 \ln A_{it} + \beta_5 D_{year} + \beta_6 D_{policy} \quad (8-2)$$

由于我国劳动力市场真正市场化历程却始于 1997 年开始兴起的城镇工业化，劳动力要素可以以相对市场化的方式进行自由流动，因此本研究选取 1997 年以来的样本进行分析。另外，由于各省统计年鉴中第一产业的从业人数存在一定的缺失，本研究采用 1997 ~ 2012 年的省级面板数据进行分析。各变量的描述性分析如表 8 – 1 所示。

表 8－1　主要变量的描述性分析

		最小值	最大值	平均值	方差
总体样本	粮食总产量（万吨）	482.8	5129.1	2159.79	1100.338
	种粮劳动力数目（万人）	98.62	993.56	407.54	226.701
	粮食播种面积（千公顷）	969.10	8470.50	3879.70	1826.15
	农业机械总动力（万千瓦）	750.03	12419.90	3101.79	2500.858
	农用化肥施用量（万吨）	61.73	500.34	220.26	126.78
“高替代”省份样本	粮食总产量（万吨）	1674.22	5129.10	2894.04	820.88
	种粮劳动力数目（万人）	171.71	993.56	493.94	232.44
	粮食播种面积（千公顷）	2762.00	8470.50	5026.57	1433.61
	农业机械总动力（万千瓦）	1276.04	12419.90	4211.57	3065.24
	农用化肥施用量（万吨）	121.60	500.34	311.13	109.73
“低替代”省份样本	粮食总产量（万吨）	482.80	2870.80	1425.55	819.46
	种粮劳动力数目（万人）	98.62	918.77	323.86	187.61
	粮食播种面积（千公顷）	969.10	5398	2732.84	1412.45
	农业机械总动力（万千瓦）	750.03	4599.70	1992.03	842.53
	农用化肥施用量（万吨）	61.73	253	129.39	59.84

图 8－1 反映了样本省份近年来的粮食生产态势。从图 8－1 中可以看出，1999～2003 年，“高替代”省份和“低替代”省份的粮食生产均经历了一定程度

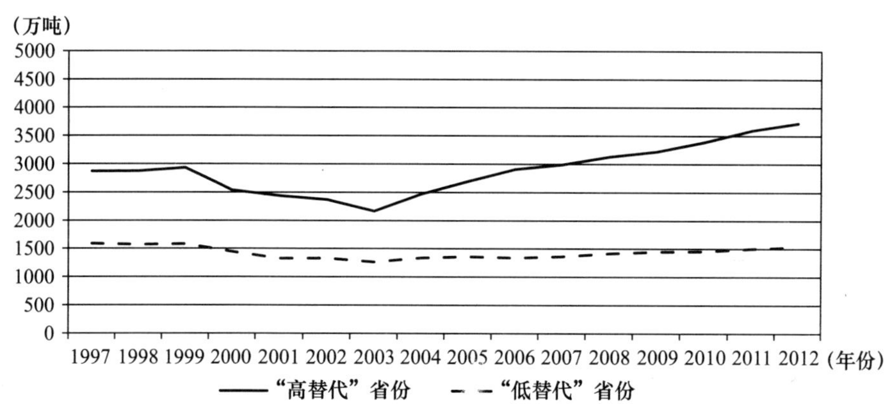

图 8－1　样本省份的粮食生产态势

的下降，而从2003年开始，各省的粮食生产有所复苏，这或许与2003年以来的农业税费减免、补贴政策的实施高度相关。另外，不同区域之间的粮食产量的增长态势存在较大的区域差异，“高替代”省份的粮食生产大幅上升，而“低替代”省份仅有非常小幅度的上升。

8.2 实证结果

表8－2汇报了采用多种方法对式（8－2）进行估计的计量经济分析结果，其中，第（1）列是面板数据固定效应（FE）的估计结果，第（3）列是面板数据随机效应（RE）的估计结果；第（2）列和第（4）列分别是控制时间效应的结果。采用面板数据固定效应方法的一个良好性质是可以控制省份内部的“个体效应”，即那些在不同省份间差异明显，但在省份内部不同年份之间差异并不显著的变量，如一个地区的气候特征、土壤条件等；但需要采用Hausman检验的方法判定两组模型的优劣程度。从整体上看，四组回归方程的R^2都比较大，固定效应模型和随机效应模型的R^2分别为0.9370、0.9271、0.9474和0.9387，表明模型的整体拟合效果较为良好。

表8－2　基于柯布—道格拉斯生产函数的估计结果

	固定效应（1）	固定效应（2）	随机效应（3）	随机效应（4）
土地投入	0.844***	0.787***	0.859***	0.800***
	(15.94)	(14.36)	(17.12)	(15.25)
劳动力投入	0.0214	0.096	−0.031	0.048
	(0.49)	(1.54)	(−0.72)	(0.82)
机械投入	0.0722**	0.005	0.075***	0.014
	(2.56)	(0.13)	(2.85)	(0.36)
化肥投入	0.1099	0.118	0.210***	0.201**
	(1.14)	(1.13)	(2.65)	(2.44)

续表

	固定效应（1）	固定效应（2）	随机效应（3）	随机效应（4）
政策虚拟变量	0.027 (1.44)	0.167** (2.31)	−0.011 (−0.57)	0.119* (1.76)
常数项	−0.6419* (−1.84)	−0.170 (−0.43)	−0.969*** (−3.37)	−0.473 (−1.41)
时间虚拟变量	NO	YES	NO	YES
R^2	0.9370	0.9271	0.9474	0.9387
Hausman 检验	1.30	8.02		
样本量	128	128	128	128

注：*、**和***分别表示在10%、5%和1%的水平上显著；括号内为估计系数的t统计量。

Hausman 检验的结果表明，固定效应模型的结果与随机效应模型的结果无异。本研究下述关于劳动力外出务工对省域粮食生产影响的分析与讨论主要基于控制时间效应的面板数据随机效应的回归结果展开。模型的回归结果显示，从整体上看，生产要素中影响各省粮食生产的变量主要是土地投入和化肥投入，这与杨进（2015）的研究较为一致。另外，从事粮食生产的劳动力前面的系数并不显著，表明劳动力外出务工对粮食生产并没有带来显著的负向影响，这与程名望等（2015）的研究较为一致。

另外，对于整体样本而言，表征政策的虚拟变量对粮食生产有着较为显著的正向影响。从图 8－1 的描述性分析中也可以看出，2004 年以后，各地的粮食生产均有着不同程度的上升，这与中央取消农业税、对种粮农户发放各种补贴刺激粮食生产有关（史清华等，2007）。另外，机械总动力对粮食产量没有影响，这或许与农机作业的跨区域服务有关（Yang et al.，2013），一个地区的农机总动力并不能反映该地区农业机械使用量的真实情况。

然而，“高替代”省份和“低替代”省份却表现出了一定的区域异质性。表 8－3 汇报了将样本分为“高替代”省份和“低替代”省份两个子样本后柯布—道格拉斯生产函数的估计结果。在“高替代”省份和“低替代”省份的回归中，Hausman 检验的结果分别为49.59 和60.70，分别在1%的统计意义上显著，表明应选择固定效应模型进行分析和讨论。从表 8 – 3 可以看出，在“高替代”省份中，劳动力投入对粮食产量的影响并不在统计意义上显著，表明在现有的要素组合下，劳动力的外出或者减少对粮食生产并不会带来负向效应；在“低替代”省份中，劳动力投入对粮食产量有着正向影响，且在 5% 的统计意义上显著，表明劳动力的减少会对“低替代”省份的粮食生产带来显著的负向影响。

表 8 – 3 不同区域柯布—道格拉斯生产函数的估计结果

	“高替代”省份		“低替代”省份	
	固定效应（1）	随机效应（2）	固定效应（3）	随机效应（4）
土地投入	0.707 *** (6.55)	0.878 *** (10.98)	0.531 *** (4.06)	0.822 *** (15.66)
劳动力投入	0.077 (0.71)	−0.192 * (−1.83)	0.258 ** (2.30)	−0.472 *** (−11.95)
机械投入	−0.268 * (−1.75)	−0.009 (−0.14)	0.051 (0.88)	0.279 *** (5.98)
化肥投入	0.456 ** (2.26)	0.377 *** (4.49)	0.345 (1.57)	0.787 *** (12.20)
政策虚拟变量	0.290 * (1.80)	−0.036 (−0.31)	0.139 (1.12)	−0.524 *** (−7.05)
常数项	0.942 (1.41)	−0.370 (−0.68)	−0.577 (−0.76)	−2.173 *** (−6.50)
时间虚拟变量	控制	控制	控制	控制
R^2	0.7614	0.9671	0.8628	0.9882
Hausman 检验	49.59 ***		60.70 ***	
样本量	64	64	64	64

注：*、** 和 *** 分别表示在 10%、5% 和 1% 的水平上显著；括号内为估计系数的 t 统计量。

另外，“高替代”省份的样本回归中，土地投入、化肥投入和政策虚拟变量依然是影响粮食生产的主要因素，而在“低替代”省份中，土地投入是影响粮食产量的主要因素。

8.3　本章小结

本章利用柯布—道格拉斯生产函数以及省级层面的汇总数据，分析了劳动力转移对粮食产量的影响。本章按照上述章节的分析思路，根据机械—劳动力替代弹性的大小，将样本分为“高替代”省份和“低替代”省份两类，并比较劳动力转移对粮食产量的区域异质性。本章节主要得出如下几个初步结论：

（1）从整体上而言，劳动力要素对我国的粮食产量并没有显著的影响，表明现有的劳动力转移对粮食生产并不会带来显著的负面冲击。

（2）与上述微观层面分析较为一致的是，劳动力转移对粮食生产的影响表现出较为明显的区域异质性。在“高替代”省份中，劳动力要素对粮食产量的影响并不显著；而在“低替代”省份中，劳动力要素对粮食产量有着显著的正向影响。上述结果表明，劳动力转移对“高替代”省份的粮食生产不会带来负向影响，而对“低替代”省份的粮食生产会带来一定的负向冲击。

第9章　结论与政策建议

9.1　主要结论

随着工业化、城市化进程的不断推进，农村劳动力外出对我国农业生产，尤其是粮食生产可能带来的影响得到了越来越多的关注。本研究正是基于这样的背景，主要考察了农村劳动力外出对我国粮食生产的影响。本书首先利用农业部农村固定观察点和IFPRI在此基础上开展的补充调查数据，分析了劳动力外出务工对农户种植结构和粮食单产水平的影响。另外，农村劳动力外出除了通过直接影响农户的种植决策行为进而影响粮食生产之外，由农村劳动力外出引致的耕地资源再配置同样可能会对粮食生产产生影响。本书利用省级层面的加总数据分析了劳动力转移对粮食产量的影响。主要结论如下：

（1）随着城镇化、工业化进程的不断推进，近十年来农村总人口和从事第一产业的人口正在持续下降。不同年龄阶段、受教育程度的劳动力占全体外出劳动力的比重近年来有着明显的变化；农村劳动力越来越倾向于在离家近的区域内寻找非农就业机会。

（2）农村优质劳动力的选择性转移使得农村剩余人口老龄化的趋势非常严重。由劳动力外出、收入上升以及农业生产的季节性特征等原因导致农村劳动力成本上升的趋势已经十分明显，成为近年来影响粮食生产成本上升的重要原因。

受劳动供给、工资变动和技术进步等因素的影响，粮食生产中的劳动力投入正在逐渐下降，不同粮食品种之间也表现出一定的差异。

（3）相对于多数经济作物，粮食生产劳动力需求少、易于机械化，外出务工家庭面对劳动力供给不足时，反而会通过调整作物生产的结构、增加粮食种植面积的比例来降低劳动力投入水平。外出务工农户生产结构向粮食作物调整是农户综合家庭劳动力资源禀赋、不同作物比较效益基础上的理性反应。

（4）劳动力外出务工对粮食生产的正向影响会因为要素替代难易度和结构调整空间的大小等约束条件而有所不同。在丘陵山区，机械化作业难度大，粮食生产增加的趋势会被弱化；在城郊农村地区，由于结构调整空间大、市场容量大，粮食生产相对强化的趋势会被弱化。

（5）劳动力外出务工对粮食作物单产水平的影响因作物品种而异。相较于其他作物而言，小麦作物的劳动力需求少、机械化程度高，劳动力外出务工对小麦的单产水平没有影响，但对水稻和玉米作物存在一定的负向影响。

（6）劳动力外出务工对粮食作物单产水平的影响因不同区域的要素替代难易度而异。在机械—劳动力替代弹性较高的地区，劳动力外出务工对三种粮食作物的单产均没有显著影响；在机械—劳动力替代弹性较低的地区，劳动力外出务工对水稻和玉米的单产有着显著的负向影响。

（7）农村劳动力外出促进了土地租赁市场的发展，劳动力外出务工对农户间土地流转决策存在着显著的影响。劳动力外出务工对农户转出土地的决策以及转出土地的次数有着显著的正向影响，对农户转入土地的决策有着显著的负向影响，但对转入土地的次数没有显著影响。

（8）在采用倾向匹配得分法控制了土地流转的选择性偏误后，土地转入户的粮食作物播种面积比例要大于土地转出户的粮食作物播种面积比例，而土地转入户和土地转出户在三种粮食单产水平上的差异并不显著。

（9）受要素替代可能性的影响，土地流转对农户种植结构的影响存在着一定的区域异质性。在机械—劳动力替代弹性较高的区域，土地流转促进了农户的生产结构向粮食作物调整，而在机械—劳动力替代弹性较低的区域，转入土地的农户其粮食作物播种面积比例反而越低。

（10）利用省级层面的汇总数据的分析表明，从整体上而言，劳动力转移对粮食总产量的影响并不显著，但同时表现出了一定的区域异质性。劳动力转移对机械—劳动力替代弹性较低省份的粮食生产会带来一定的负面冲击。

上述研究结论有助于我们更为全面地判断我国农业生产和粮食生产变迁的趋势。我国农村劳动力外出务工对粮食安全的影响并非如我们想象和一些研究得出的结论那样负面。本研究的一个重要启示是，面对农村劳动力向城市和非农部门转移这一不可逆转的趋势，如何更高效地使用机械替代劳动力，弥补因劳动力外流而带来的损失是政策制定者需要深入思考的话题。

9.2 政策建议

本书的研究结论对于科学认识我国的粮食安全问题，促进农户结构调整以增加收入和提高产品竞争力具有重要的政策含义，有助于我们更为全面地判断我国农业生产和粮食生产变迁的趋势。我国农村劳动力外出务工对粮食安全的影响并非如我们想象和一些研究得出的结论那样负面。可以预期的是，在中国现阶段的发展模式下，农村劳动力会不断向城市和非农部门转移。在这样的背景下，结合本研究主要的研究结论，提出如下政策建议：

9.2.1 加快适用于丘陵山区和劳动力密集型作物的机械技术开发

本书的结论表明，劳动力外出对粮食生产是否产生负面影响很大程度上取决于机械对于劳动替代的难易程度。因此，应积极推进农业机械技术的研发和创新，不仅要大力改进大中型机械、提升平原地区机械化水平和效率，更要重点加强适宜于丘陵山区作业的中小型农机具的研制，推进丘陵山区农业机械化进程，这不仅有助于促进机械化破解劳动资源不足的约束，减轻留守成员的体力负担，进一步释放劳动力，同时有助于农户扩大粮食生产，从而进一步地保障了粮食安全。另外，本书的研究同样显示，劳动力外出务工对高附加值作物的播种面积有着显著的负向影响。随着劳动力成本的不断上升，中国农业生产已逐渐失去了在劳动力密集型作物生产中的比较优势，传统的一些出口作物已逐渐转向进口。在这样的背景下，大力推动适用于劳动力密集型作物的机械技术的开发和应用，以缓解这些作物在生产中对劳动力的需求，同时还可以进一步提高我国农产品在国际市场上的竞争力和比较优势。

除此之外，本书的微观调查数据表明，虽然粮食作物生产过程中农业机械化的程度较高，但不同作物、不同环节的机械化应用程度还存在着一定差异。从不同作物的比较上看，比如水稻在插秧环节、玉米在收割环节的机械化运用程度依然较低；另外，从不同生产环节上看，耕地、播种和收割的机械化程度较高，病虫害防治环节机械化程度低，存在着一定的劳动力需求瓶颈，应尽可能地加大这些生产环节机械的研发，最大限度地缓解劳动力外出所带来的负面影响。

9.2.2 进一步培育生产服务组织，促进服务市场的发育

从世界各国农业机械化和机械服务市场发展的经验看，中国农机跨地区作业服务无疑是一个非常成功的典型案例。然而，本研究的数据显示，从现状看，提供有偿生产性服务的主体依然还是拥有机械的农户，而非各种专业化程度更高的生产服务组织及合作社。因此有必要进一步培育这些提供专业化服务的经营主体，在更大程度上实现农机服务的规模经济。另外，现有的外包服务主要集中在耕地和收割等劳动力密集型环节，以缓解老年人在农村劳动力上的不足；在农村劳动力持续老龄化的背景下，有必要进一步完善服务市场，加大播种（插秧）和病虫害防治等技术密集型环节的技术服务，不仅可以进一步缓解劳动力需求的不足，同时有助于农业生产效率的提高。农业机械和技术服务市场的发育不仅能够提高农户农业劳动的生产率水平，加速农业现代化的推进，同时还能更大限度地释放农村剩余劳动力，促进农村劳动力进一步地从农村和农业部门向城市及非农部门转移。

9.2.3 加强土地整理，提升农业生产效率

很长一段时间以来，中国农村紧张的人地关系使得农村土地细碎化的程度十分严重，分散的地块不仅降低了农业生产的效率和地块规模经济的实现（吕挺等，2014），同时还抑制了大型机械的采用。大型机械不仅能进一步地释放劳动力，提高作业效率，同时还能对生产率产生一定的积极作用。因此，需要有较大规模、连片成型的土地为大型机械的运作提供空间。随着从事农业生产的劳动力大幅下降，我国长期以来较为紧张的人地关系将有可能得到缓解，为我国农业生产的规模化经营创造条件。在这样的背景下，有必要推动农村土地的整理和开发，改善农村现有的土地条件，为规模化经营、高新技术采纳等创造良好的外部条件。

9.2.4 加强农业生产技术培训示范，拓展生产结构调整空间

本研究的经验证据表明，不同的约束条件会明显影响农户劳动力外出务工对种植结构调整的影响强弱；机械替代劳动的难易程度、农产品结构调整空间大小，都会影响外出务工对粮食种植的促进作用。因此，在机械替代劳动难度大、农产品结构调整空间大的地区，政府需要顺应农户结构调整机制，遵循约束条件规律，为农户结构调整创造良好的环境和条件，并采取政策和措施努力破除农户产品结构调整面临的约束。积极推进农业机械技术的研发和创新，继续强化对农户的农业生产技术培训示范和农业生产服务体系建设，为农户调整农业生产结构，转向高附加值经济作物的生产提供技术支撑和服务。

9.3 研究展望

诚然，限于作者研究能力和精力的限制，劳动力外出对粮食生产影响的相关

领域依然存在很多研究问题值得探索。经济结构变迁意味着要素流动方向会随着价格改变而有所变化。在劳动力成本不断上升，从事农业生产的相对报酬水平不断提升的背景下，一部分原先从事非农活动的劳动力很有可能会重新回到农业生产中。这种劳动力回流对于农业生产及其粮食生产也可能会产生一定的影响。就农村劳动力外出与粮食生产之间的互动关系而言，本研究的一个发现是劳动力外出务工对粮食生产的影响在一定程度上取决于机械对劳动力替代的难易程度。本研究测算了不同省份的机械—劳动力替代弹性，今后的研究有必要从机械—劳动力替代弹性的区域差异出发，分析影响替代弹性大小的主要因素，并在此基础上提出相关政策建议来推进各个地区的机械化进程。

本书出于对粮食安全问题的关注，重点从农户微观层面分析了我国农村劳动力外出对粮食生产的影响。然而，相较于其他劳动力需求程度较高，机械化程度较低的作物，本研究并没有分析劳动力外出对这些作物生产的影响。另外，随着家庭劳动力资源的不足以及劳动力成本的上升，出现了逐渐放弃家庭养殖业生产的现象，因此今后的研究可以将上述因素纳入一个统一的分析框架中，进而分析我国农村人口变化对整个农业产业以及粮食生产的影响。除此之外，可以预测的是，城乡人口流动的趋势将不断延续，且随着户籍制度的放开、城市融入程度加深和社会保障制度的健全，越来越多的农民以家庭化的迁移模式彻底向城镇和非农部门转移，致使转移劳动力彻底离开农村与农业生产的动机越来越强；农村现有的人口结构表明，农村务农劳动力将会持续趋于老龄化，老年人最终也会由于体力上的原因退出农业生产。劳动力迁移模式的转变以及现有农村人口年龄结构的老龄化，使得今后的几十年农村人口，尤其是从事农业生产经营的人口可以实现真正意义上的实质减少，缓解了中国农村长期以来紧张的人地关系，为土地集中、适度规模经营创造了必要条件。因此，未来农村人口变化对于粮食生产的影响也值得进一步关注，可以采用适当的模拟方法（如一般均衡模型），预测未来农村人口变化对农业生产尤其是粮食生产的影响，从而为政府及其决策者制定和完善相关政策提供科学依据。

参考文献

［1］ Ali F, Parikh A. Relationships among Labor, Bullock and Tractor Inputs in Pakistan Agriculture ［J］. American Journal of Agricultural Economics, 1992, 74 (2): 371-377.

［2］ Andrikopoulos A A, Brox J A. Cost Structure, Interfactor Substitution and Complementarity and Efficiency in the Canadian Agricultural Sector ［J］. Canadian Journal of Agricultural Economics, 2008, 40 (2): 253-269.

［3］ Assuncao J J, Ghatak M. Can Unobserved Heterogeneity in Farmer Ability Explain the Inverse Relationship Between Farm Size and Productivity ［J］. Economics Letters, 2003, 80 (2): 189-194.

［4］ Atamanov A, Berg M V D. Heterogeneous Effects of International Migration and Remittances on Crop Income: Evidence from the Kyrgyz Republic ［J］. World Development, 2012, 40 (3): 620-630.

［5］ Bagi F S. Relationship between Farm Size and Technical Efficiency in West Tennessee agriculture ［J］. Southern Journal of Agricultural Economics, 1982, 14 (2): 139-144.

［6］ Barrett C B, Bellemare M F, Hou J Y. Reconsidering conventional explanations of the inverse productivity-size relationship ［J］. World Development, 2010, 38 (1): 88-97.

［7］ Benjamin D. Can Unobserved Land Quality Explain the Inverse Productivity Relationship? ［J］. Journal of Development Economics, 1995, 46 (1): 51-84.

[8] Binswanger H P. A Cost Function Approach to the Measurement of Elasticities of Factor Demand and Elasticities of Substitution [J] . American Journal of Agricultural Economics. 1974: 377 –386.

[9] Blackorby C, Russell R R. Will the Real Elasticity of Substitution Please Stand Up? (A Comparison of the Allen/Uzawa and Morishima Elasticities) [J] . American Economic Review, 1989, 79 (4): 882 –888.

[10] Cai, F. and M. Wang. A Counterfactual Analysis on Unlimited Surplus Labor in Rural China [J] . China & World Economy, 2008, 16 (1): 51 –65.

[11] Carletto C, Savastano S, Zezza A. Fact or Artifact: The Impact of Measurement Errors on the Farm Size – productivity Relationship [J] . Journal of Development Economics, 2013, 103: 254 –261.

[12] Carter C A, Zhong F, Zhu J. Advances in Chinese Agriculture and its Global Implications [J] . Applied Economic Perspectives & Policy, 2012, 34 (1): 1 –36.

[13] Carter M R, Olinto P. Getting Institutions "Right" for Whom? Credit Constraints and the Impact of Property Rights on the Quantity and Composition of Investment [J] . American Journal of Agricultural Economics, 2003, 85 (1): 173 –186.

[14] Carter M. Identification of the Inverse Relationship between Farm Size and Productivity: An Empirical of Peasant Agricultural Production [J] . Oxford Economic Paper, 1984, 36 (1): 131 –145.

[15] Chiodi V, Jaimovich E, Montes – Rojas G. Migration, Remittances and Capital Accumulation: Evidence from Rural Mexico [J] . Journal of Development Studies, 2012, 48 (8): 1139 –1155.

[16] Christensen L R, Lau L J. Transcendental Logarithmic Production Frontiers [J] . Review of Economics & Statistics, 1973, 55 (1): 28 –45.

[17] Coleman D. Immigration and Ethnic Change in Low – Fertility Countries: A Third Demographic Transition [J] . Population & Development Review, 2006, 32

(3): 401 -446.

[18] Dalton T J, Masters W A, Foster K A. Production Costs and Input Substitution in Zimbabwe's Smallholder Agriculture [J]. Agricultural Economics, 1997, 17 (s 2 -3): 201 -209.

[19] Damon A L. Agricultural Land Use and Asset Accumulation in Migrant Households: The Case of El Salvador [J]. The Journal of Development Studies, 2010, 46 (1): 162 -189.

[20] David P V. Factor Substitution in Australian Agriculture [J]. Australian Journal of Agricultural Economics, 1977, 21 (2): 119 -129.

[21] De Brauw A, Rozelle S. Migration and Household Investment in Rural China [J]. China Economic Review, 2008, 19 (2): 320 -335.

[22] De Brauw A. Seasonal Migration and Agricultural Production in Vietnam [J]. The Journal of Development Studies, 2010, 46 (1): 114 -139.

[23] De Brauw A, Huang J, Rozelle S. The Feminization of Agriculture with Chinese Characteristics [J]. Journal of Development Studies, 2012, 49 (5): 689 -704.

[24] Dustmann C., Kirchkamp O. The Optimal Migration Duration and Economic Activities after Return Migration [J]. Journal of Development Economics, 2002, 67 (2).

[25] Fan S, Chan -Kang C. Is small beautiful? -Farm size, Productivity and Poverty in Asian Agriculture [J]. Agricultural Economics, 2005, 32 (S1): 135 -146.

[26] Feder G. The Relation Between Farm Size and Farm Productivity: The Role of Family Labor, Supervision and Credit Constraints [J]. Journal of development economics, 1985, 18 (2): 297 -313.

[27] Feng S, Heerink N, Ruben R, et al. Land Rental Market, off -farm Employment and Agricultural Production in Southeast China: A plot -level case study[J].

China Economic Review, 2010, 21 (4): 598 -606.

[28] Fischer B. Factor Substitution in Mexican Agriculture [J] . European Review of Agricultural Economics, 1980 (7): 365 -375.

[29] Foster A D, Rosenzweig M R. Are Indian Farms too Small? Mechanization, Agency Costs, and Farm Efficiency [J] . Economic Growth Center, Yale University New Haven CT, 2011.

[30] Fung Kwan, Yanrui Wu, Shuaihe Zhuo. Reexamination of the Surplus Agricultural Labour in China [J] . China Agricultural Economic Review, 2013, 5 (2): 197 -212.

[31] Gonzalez - Velosa C. Essays on Migration and Agricultural Development, Ph. D. dissertation, University of Maryland, 2011.

[32] Hayami, Y. and Ruttan, V. W.. Agricultural Development: An International Perspective [M] . Baltimore: The Johns Hopkins University Press, 1971.

[33] Helfand S, Levine E. Farm size and the Determinants of Productive Efficiency in the Brazilian Center - West [J] . Agricultural Economics, 2004, (31): 241 -249.

[34] Heltberg R. Rural Market Imperfection and the Farmer Size - Productivity Relationship: Evidence from Pakistan [J] . World Development, 1998, 26 (10): 1807 -1826.

[35] Hicks J R S. The Theory of Wages [M] . Macmillan, 1932.

[36] Hormozi M A, Asoodar M A, Abdeshahi A. Impact of Mechanization on Technical Efficiency: A Case Study of Rice Farmers in Iran [J] . Procedia Economics & Finance, 2012, 1: 176 -185.

[37] Houssou N, Chapoto A. Adoption of Farm Mechanization, Cropland Expansion, and Intensification in Ghana [C] // 2015 Conference, August 9 -14, 2015, Milan, Italy. International Association of Agricultural Economists, 2015.

[38] Huang J, Wu Y, Rozelle S. Moving off the Farm and Intensifying Agricul-

tural Production in Shandong: A Case Study of Rural Labor Market Linkages in China [J]. Agricultural Economics, 2009, 40 (2): 203 - 218.

[39] Ji Y, Yu X, Zhong F. Machinery Investment Decision and off - farm Employment in Rural China [J]. China Economic Review, 2012, 23 (1): 71 - 80.

[40] Kilic T, Carletto C, Davis B, et al. Assessing the Impact of Massive Out - Migration on Albanian Agriculture [J]. European Journal of Development Research, 2009, 21 (3): 448 - 470.

[41] Klaus Deininger, Daniel Ayalew Ali, Tekie Alemu. Productivity effects of land rental market operation in Ethiopia: evidence from a matched tenant—landlord sample [J]. Applied Economics, 2013, 45 (25): 3531 - 3551.

[42] Kompas T, Che T N, Nguyen H T M, et al. Productivity, Net Returns, and Efficiency: Land and Market Reform in Vietnamese Rice Production [J]. International & Development Economics Working Papers, 2009, 88 (3): 478 - 495.

[43] Konseiga, A. Household Migration Decisions as a Survival Strategy: The Case of Burkina Faso [J]. Journal of African Economies, 2007 (16): 198 - 223.

[44] Lamb R L. Inverse productivity: Land Quality, Labor Markets, and Measurement Error [J]. Journal of Development Economics, 2003, 71 (1): 71 - 95.

[45] Larson D F, Otsuka K, Matsumoto T, et al. Should African Rural Development Strategies Depend on Smallholder Farms? An Exploration of the Inverse - Productivity Hypothesis [J]. Agricultural Economics, 2014, 45 (3): 355 - 367.

[46] Li L, Wang C, Segarra E, et al. Migration, Remittances and Agricultural Productivity in Small Farming Systems in Northwest China [J]. China Agricultural Economic Review, 2013, 5 (1): 5 - 23.

[47] Lien G, Kumbhakar S C, Hardaker J B. Determinants of off - farm Work and Its Effects on Farm Performance: The Case of Norwegian Grain Farmers [J]. Agricultural economics, 2010, 41 (6): 577 - 586.

[48] Zhang L, Brauw A D, Rozelle S. China's Rural Labor Market Develop-

ment and Its Gender Implications [J] . China Economic Review, 2004, 15 (2): 230 -247.

[49] Lohmar B. , Zhang Z. , and Somwaru, A. Land Rental Market Development and Agricultural Production in China [M] . Paper Presented at the Annual Meeting of the American Agricultural Economics Association, Chicago, 2001.

[50] Maertens M, Zeller M, Birner R. Sustainable Agricultural Intensification in Forest Frontier Areas [J] . Agricultural Economics, 2006, 34 (2): 197 -206.

[51] Mendola M. Migration and Technological Change in Rural Households: Complements or Substitutes? [J] . Journal of Development Economics, 2008, 85 (1): 150 -175.

[52] Miluka J, Carletto G, Davis B, et al. The Vanishing Farms? The Impact of International Migration on Albanian Family Farming [J] . The Journal of Development Studies, 2010, 46 (1): 140 -161.

[53] Muraoka R. , Jin S. , and Thomas S. Jayne Paper Presented at the Annual Meeting of the American Agricultural Economics Association, Minneapolis, 2014.

[54] Newell A, Pandya K, Symons J. Farm Size and the Intensity of Land Use in Gujarat [J] . Oxford Economic Papers, 1997, 49 (2): 307 -315.

[55] Obi A, Chisango F F. Performance of Smallholder Agriculture Under Limited Mechanization and the Fast Track Land Reform Program in Zimbabwe [J] . International Food & Agribusiness Management Review, 2011, 14 (4): 85 -104.

[56] Rosenbaum P R, Rubin D B. The Central Role of Propensity Score in Observational Studies for Causal Effect [J] . Biometrika, 1983, 70 (1), 41 -55.

[57] Rozelle, S. ; Taylor, J. E. and de Brauw, A. : Migration, Remittances and Agricultural Productivity in China [J] . American Economic Review, 1999, 89 (2) .

[58] Ryoshin Minami, Xinxin Ma. The Lewis Turning Point of Chinese Economy: Comparison with Japanese Experience [J] . China Economic Journal, 2010, 3 (2):

163 - 179.

[59] Sato R, Koizumi T. On the Elasticities of Substitution and Complementarity [J] . Oxford Economic Papers, 1973, 25 (1): 44 - 56.

[60] Sen A. An Inspect of Indian Agriculture [J] . Economic Weekly, 1962 (14): 243 - 246.

[61] Sen A. Peasants and Dualism with or Without Surplus Labor [J] . Journal of Political Economy, 1966, 74 (5), 425 - 450.

[62] Sharma S C. Technological Change and Elasticities of Substitution in Korean Agriculture [J] . Journal of Development Economics, 1991, 35 (1): 147 - 172.

[63] Sheng Y, Zhao S, Nossal K, et al. Productivity and Farm Size in Australian Agriculture: Reinvestigating the Returns to Scale [J] . Australian Journal of Agricultural and Resource Economics, 2015, 59 (1): 16 - 38.

[64] Stark, O. & Bloom D. E. The New Economics of Labor Migration [J]. American Economic Review 1985, 75 (2): 173 - 178.

[65] Taylor E J. The New Economics of Labour Migration and the Role of Remittances in the Migration Process [J] . International Migration, 1999, 37 (1): 63 - 88.

[66] Taylor J E, López - Feldman A. Does Migration Make Rural Households More Productive? Evidence from Mexico [J] . The Journal of Development Studies, 2010, 46 (1): 68 - 90.

[67] Taylor J E, López - Feldman A. Does Migration Make Rural Households More Productive? Evidence from Mexico [J] . The Journal of Development Studies, 2010, 46 (1): 68 - 90.

[68] Thirsk W. Factor Substitution in Colombian Agriculture [J] . American Journal of Agricultural Economics, 1974, 56 (1): 73 - 84.

[69] Uzawa H. Production Functions with Constant Elasticities of Substitution [J]. Review of Economic Studies, 1962, 29 (29): 291 - 299.

[70] Van De Kaa DJ. Europe's Second Demographic Transition [J] . Population Bulletin, 1987, 42 (1): 1 -59.

[71] Villoria N B, Byerlee D, Stevenson J. The Effects of Agricultural Technological Progress on Deforestation: What Do We Really Know? [J] . Applied Economic Perspectives and Policy, 2014, 36 (2): 211 -237.

[72] Wang C, Rada N, Qin L, et al. Impacts of Migration on Household Production Choices: Evidence from China [J] . Journal of Development Studies, 2014, 50 (3): 413 -425.

[73] Wouterse F. Migration and Technical Efficiency in Cereal Production: Evidence from Burkina Faso [J] . Agricultural Economics, 2010, 41 (5): 385 -395.

[74] Yang J, Huang Z, Zhang X, et al. The Rapid Rise of Cross - Regional Agricultural Mechanization Services in China [J] . American Journal of Agricultural Economics, 2013, 95 (5): 1245 -1251.

[75] Zhang X, Yang J, Wang S. China has Reached the Lewis Turning Point [J]. China Economic Review, 2010, 22 (4): 542 -554.

[76] Zhao Y. Leaving the Countryside: Rural - to - Urban Migration Decisions in China [J] . American Economic Review, 1999: 281 -286.

[77] Zhao Y.. The Role of Migrant Networks in Labor Migration: The Case of China [J] . Contemporary Economic Policy, 2003, 21 (4): 500 -511.

[78] Zhong, F and Xiang J. 2012. Demographic Transition in Rural China. In McKay & Song (eds): Rebalancing and Sustaining Growth in China. Canberra: ANU E Press.

[79] 蔡昉. 人口转变、人口红利与刘易斯转折点 [J] . 经济研究，2010 (4): 4 -13.

[80] 陈飞，翟伟娟. 农户行为视角下农地流转诱因及其福利效应研究[J]. 经济研究，2015 (10): 163 -177.

[81] 陈海磊，史清华，顾海英. 农户土地流转是有效率的吗? ——以山西

为例［J］. 中国农村经济，2014（7）：61－71.

［82］陈书章，宋春晓，宋宁，等. 中国小麦生产技术进步及要素需求与替代行为［J］. 中国农村经济，2013（9）.

［83］陈锡文、陈昱阳、张建军. 中国农村人口老龄化对农业产出影响的量化研究［J］. 中国人口科学，2011（2）.

［84］陈训波，武康平，贺炎林. 农地流转对农户生产率的影响——基于DEA方法的实证分析［J］. 农业技术经济，2011（8）：65－71.

［85］程建平，吴建平，王友根，等. 机插对籼型杂交水稻生育特性和产量的影响［J］. 中国农机化，2009（6）：45－48.

［86］程名望，黄甜甜，刘雅娟. 农村劳动力外流对粮食生产的影响：来自中国的证据［J］. 中国农村观察，2015（6）：15－21.

［87］程名望，张帅，潘烜. 农村劳动力转移影响粮食产量了吗？——基于中国主产区面板数据的实证分析［J］. 经济与管理研究，2013（10）：79－85.

［88］董晓霞，黄季焜，Scott Rozelle，王红林. 地理区位、交通基础设施与种植业结构调整研究. 管理世界，2006（9）：59－63.

［89］段成荣，杨舸，张斐，卢雪和. 改革开放以来我国流动人口变动的九大趋势人口研究，2008（6）：30－43.

［90］范成方，史建民. 粮食生产比较效益不断下降吗——基于粮食与油料、蔬菜、苹果种植成本收益调查数据的比较分析. 农业技术经济，2013（2）：31－39.

［91］盖庆恩，朱喜，史清华. 劳动力转移对中国农业生产的影响［J］. 经济学（季刊），2014，13（3）：1147－1170.

［92］高梦滔，张颖. 小农户更有效率？——八省农村的经验证据［J］. 统计研究，2006（8）：21－26.

［93］郭欢欢. 重庆市土地租赁户农作物选择机制及其对粮食安全的威胁［J］. 中国土地科学，2014（2）：37－43.

［94］郭熙保，赵光南. 我国农村留守劳动力结构劣化状况及其对策思

考——基于湖北，湖南，河南三省调查数据的分析［J］．中州（学刊），2010（5）：112－117.

［95］郭晓鸣，左喆瑜．基于老龄化视角的传统农区农户生产技术选择与技术效率分析——来自四川省富顺、安岳、中江3县的农户微观数据［J］．农业技术经济，2015（1）．

［96］郭志刚．我国人口城镇化现状的剖析——基于2010年人口普查数据［J］．社会学研究，2014（1）：10－24.

［97］韩菡，钟甫宁．劳动力流出后“剩余土地”流向对于当地农民收入分配的影响［J］．中国农村经济，2011（4）：18－25.

［98］郝枫．超越对数函数要素替代弹性公式修正与估计方法比较［J］．数量经济技术经济研究，2015（4）．

［99］何杰．甘肃省农机化发展现状及对策［J］．农业工程，2014，4（2）：11－13.

［100］贺振华．农村土地流转的效率分析［J］．改革，2003（4）：87－92.

［101］胡潮水，徐爱萍，蒋根土，童六冰．早稻机械插栽的效果试验［J］.浙江农业科学，2009（1）：105－107.

［102］胡瑞法，冷燕．中国主要粮食作物的投入与产出研究［J］．农业技术经济，2006（3）：2－8.

［103］胡瑞法，黄季焜．农业生产投入要素结构变化与农业技术发展方向．中国农村观察，2001（6）：9－16.

［104］胡雪枝，钟甫宁．人口老龄化对种植业生产的影响——基于小麦和棉花作物分析［J］．农业经济问题，2013（2）：36－43.

［105］胡英．城镇化进程中农村向城镇转移人口数量分析［J］．统计研究，2003（6）：20－24.

［106］纪月清，钟甫宁．非农就业与农户农机服务利用［J］．南京农业大学学报：社会科学版，2013（5）：47－52.

［107］孔祥智，周振，钟真．农业机械化：十年进展与发展方向［J］．科

技促进发展，2014（6）：21－28.

［108］李功奎，钟甫宁．农地细碎化、劳动力利用与农民收入——基于江苏省经济欠发达地区的实证研究［J］．中国农村经济，2006（4）：42－48.

［109］李谷成，梁玲，尹朝静，等．劳动力转移损害了油菜生产吗？——基于要素产出弹性和替代弹性的实证［J］．华中农业大学学报（社会科学版），2015（1）：7－13.

［110］李谷成，冯中朝，范丽霞．小农户真的更加具有效率吗？来自湖北省的经验证据［J］．经济学（季刊），2009（1）：95－123.

［111］李光泗，朱丽莉．农村劳动力流动对中国粮食生产影响研究——基于省域动态面板数据的实证分析［J］．统计与信息论坛，2014（10）：24－30.

［112］李辉，于钦凯．中国人口转变研究综述［J］．人口（学刊），2005（4）：16－20.

［113］李旻，赵连阁．农业劳动力“老龄化”现象及其对农业生产的影响——基于辽宁省的实证分析［J］．农业经济问题，2009（10）：12－18.

［114］李庆海，李锐，王兆华．农户土地租赁行为及其福利效果［J］．经济学（季刊），2012，11（1）：269－288.

［115］李首涵．中国玉米生产技术效率、技术进步与要素替代——基于超对数随机前沿生产函数的分析［J］．科技与经济，2015（6）：52－57.

［116］李学武，孙明湘，鲁亚军，等．超级稻大面积推广机械化插秧的可行性研究［J］．中国农机化，2011（2）：34－36.

［117］梁义成，M. W. Feldman，李树茁，等．离土与离乡：西部山区农户的非农兼业研究［J］．世界经济文汇，2010（2）：12－23.

［118］廖禺，李星，王康军，等．江西农机服务组织发展现状及建议［J］．中国农机化学报，2014，35（3）：292－295.

［119］林坚，李德洗．非农就业与粮食生产：替代抑或互补——基于粮食主产区农户视角的分析［J］．中国农村经济，2013（9）：54－62.

［120］刘丽萍，王娇媛，陈军．拖拉机联合收割机普查情况分析［J］．河

北农机，2015（S1）：64－65.

［121］刘亮，章元，高汉．劳动力转移与粮食安全［J］．统计研究，2014，31（9）：58－64.

［122］刘乃全，刘学华．劳动力流动、农业种植结构调整与粮食安全——基于“良田种树风”的一个分析．南方经济，2009（6）：15－24.

［123］刘玉铭，刘伟．对农业生产规模效益的检验——以黑龙江省数据为例［J］．经济经纬，2007（2）：110－113.

［124］卢锋．中国农民工工资走势：1979～2010［J］．中国社会科学，2012（7）：47－67.

［125］卢锋，杨业伟．中国农业劳动力占比变动因素估测：1990～2020［J］．中国人口科学，2012（4）：13－24.

［126］陆文聪，梅燕，李元龙．中国粮食生产的区域变化：人地关系，非农就业与劳动报酬的影响效应［J］．中国人口科学，2008（3）：20－29.

［127］陆文聪，祁慧博，李元龙．全球化背景下的中国粮食供求变化趋势［J］．浙江大学学报（人文社会科学版），2011，41（1）：5－18.

［128］马凯，史常亮，王忠平．粮食生产中农业机械与劳动力的替代弹性分析［J］．农机化研究，2011，33（8）：6－9.

［129］马林静，欧阳金琼，王雅鹏．农村劳动力资源变迁对粮食生产效率影响研究［J］．中国人口·资源与环境，2014，24（9）：103－109.

［130］冒佩华，徐骥．农地制度、土地经营权流转与农民收入增长［J］．管理世界，2015（5）：63－74.

［131］冒佩华，徐骥，贺小丹，等．农地经营权流转与农民劳动生产率提高：理论与实证［J］．经济研究，2015（11）：161－176.

［132］孟令国，刘薇薇．中国农村剩余劳动力的数量和年龄结构研究［J］．经济学家，2013，（4）：37－42.

［133］彭代彦，吴翔．中国农业技术效率与全要素生产率研究——基于农村劳动力结构变化的视角［J］．经济学家，2013（9）：68－76.

[134] 戚焦耳，郭贯成，陈永生．农地流转对农业生产效率的影响研究——基于 DEA - Tobit 模型的分析［J］．资源科学，2015，37（9）：1816 - 1824.

[135] 钱文荣，郑黎义．劳动力外出务工对农户水稻生产的影响［J］．中国人口科学，2010（5）：58 - 65.

[136] 秦立建，张妮妮，蒋中一．土地细碎化、劳动力转移与中国农户粮食生产——基于安徽省的调查［J］．农业技术经济，2011（11）：16 - 23.

[137] 任治君．中国农业规模经营的制约［J］．经济研究，1995（6）：54 - 58.

[138] 盛来运．中国农村劳动力外出的影响因素分析［J］．中国农村观察，2007（3）：2 - 15.

[139] 师丽娟，杨敏丽，姜雪琴，盖宝川．我国农机社会化服务组织形式现状研究［J］．农机化研究，2006，10：1 - 4.

[140] 石人炳．人口转变：一个可以无限拓展的概念？［J］．人口研究，2012（2）：11 - 18.

[141] 石彦琴，高旺盛，陈源泉，等．耕层厚度对华北高产灌溉农田土壤有机碳储量的影响［J］．农业工程学报，2010，26（11）：85 - 90.

[142] 史清华，程名望，徐翠萍．中国农业新政策变化的政策效应——来自 2003 ~ 2006 年田野调查与跟踪观察的农户数据［J］．中国人口科学，2007（6）：51 - 60.

[143] 舒时富，唐湘如，罗锡文，等．机械定位深施超级稻专用肥提高土壤肥力和稻产量［J］．农业工程学报，2013，29（23）：9 - 14.

[144] 童玉芬，朱延红，郑冬冬．未来 20 年中国农村劳动力非农化转移的潜力和趋势分析［J］．人口研究，2011，35（4）：55 - 64.

[145] 童玉芬．人口老龄化过程中我国劳动力供给变化特点及面临的挑战［J］．人口研究，2014，38（2）：52 - 60.

[146] 万广华，程恩江．规模经济、土地细碎化与我国的粮食生产［J］．中国农村观察，1996（3）：31 - 36.

[147] 王爱华．新时期农村人口老龄化的困境与出路——基于城镇化视角的再审视 [J]．经济问题探索，2012 (12)：91 -96.

[148] 王灿雄，谢志忠．论超越对数生产函数要素替代弹性的逻辑错误 [J]．统计与信息论坛，2013，28 (10)：13 -16.

[149] 王美艳．农民工还能返回农业吗？——来自全国农产品成本收益调查数据的分析 [J]．中国农村观察，2011 (1)：20 -30.

[150] 王晓兵，侯麟科，张砚杰，等．中国农村土地流转市场发育及其对农业生产的影响 [J]．农业技术经济，2011 (10)：40 -45.

[151] 王新利，赵琨．黑龙江省农业机械化水平对农业经济增长的影响研究 [J]．农业技术经济，2014 (6)：31 -37.

[152] 王跃梅，姚先国，周明海．农村劳动力外流、区域差异与粮食生产 [J]．管理世界，2013 (11)：67 -76.

[153] 王子成，邓江年．迁移与输出地经济发展关系研究进展 [J]．经济学动态，2014 (9)：134 -144.

[154] 温铁军，董筱丹，石嫣．中国农业发展方向的转变和政策导向：基于国际比较研究的视角 [J]．农业经济问题，2010 (10)：88 -94.

[155] 吴丽丽，李谷成，周晓时．中国粮食生产要素之间的替代关系研究——基于劳动力成本上升的背景 [J]．中南财经政法大学学报，2016 (2)：140 -148.

[156] 吴清华，李谷成，周晓时，等．基础设施、农业区位与种植业结构调整——基于 1995 ~ 2013 年省际面板数据的实证 [J]．农业技术经济，2015，(3)．

[157] 向青，黄季焜．地下水灌溉系统产权演变和种植业结构调整研究．管理世界，2000 (5)：163 -168.

[158] 许庆，尹荣梁，章辉．规模经济、规模报酬与农业适度规模经营——基于我国粮食生产的实证研究 [J]．经济研究，2011 (3)：59 -71.

[159] 薛凤蕊，乔光华，苏日娜．土地流转对农民收益的效果评价——基于

DID 模型分析［J］. 中国农村观察，2011（2）：36－42.

［160］薛庆根，王全忠，朱晓莉，等. 劳动力外出、收入增长与种植业结构调整——基于江苏省农户调查数据的分析［J］. 南京农业大学学报（社会科学版），2014，（6）：34－41.

［161］杨进. 中国农业机械化服务与粮食生产［D］. 浙江大学博士学位论文，2015.

［162］杨菊华，陈传波. 流动家庭的现状与特征分析［J］. 人口（学刊），2013，35（5）：48－62.

［163］杨杨，吴次芳，韦仕川. 浙江省人地关系变化阶段特征及调整策略［J］. 中国人口·资源与环境，2007，17（1）：61－65.

［164］杨宇，李容. 劳动力转移、要素替代及其约束条件［J］. 南京农业大学学报（社会科学版），2015（2）：44－50.

［165］姚洋. 中国农地制度：一个分析框架［J］. 中国社会科学，2000（2）：54－65.

［166］易小燕，陈印军. 农户转入耕地及其"非粮化"种植行为与规模的影响因素分析——基于浙江、河北两省的农户调查数据［J］. 中国农村观察，2010（6）：2－10.

［167］尹朝静，范丽霞，李谷成. 要素替代弹性与中国农业增长［J］. 华南农业大学学报（社会科学版），2014（2）：16－23.

［168］应瑞瑶，郑旭媛. 资源禀赋、要素替代与农业生产经营方式转型——以苏、浙粮食生产为例［J］. 农业经济问题，2013，34（12）：15－24.

［169］约翰·奈特，邓曲恒，李实. 中国的民工荒与农村剩余劳动力［J］. 管理世界，2011（11）：12－27.

［170］张丽君，黄贤金，钟太洋，等. 区域农户农地流转行为对土地利用变化的影响——以江苏省兴化市为例［J］. 资源科学，2005，27（6）：40－45.

［171］张敏，黄英，周智. 中国农业机械化的空间异质性与影响因素分析［J］. 农机化研究，2016，38（8）：1－5.

［172］张兴华．中国农村剩余劳动力的重新估算［J］．中国农村经济，2013（8）：49－54.

［173］张忠明，钱文荣．农户土地经营规模与粮食生产效率关系实证研究［J］．中国土地科学，2010，24（8）：52－58.

［174］张宗毅，杜志雄．土地流转一定会导致“非粮化”吗？——基于全国1740个种植业家庭农场监测数据的实证分析［J］．经济学动态，2015（9）：63－69.

［175］郑黎义．动力外出务工对农户农业生产的影响［D］．浙江大学博士学位论文，2011.

［176］郑旭媛，徐志刚，应瑞瑶．城市化与结构调整背景下的中国粮食生产变迁与区域异质性［J］．中国软科学，2014（11）：71－86.

［177］郑旭媛．资源禀赋约束、要素替代与中国粮食生产变迁［D］．南京农业大学博士学位论文，2015.

［178］钟甫宁，胡雪梅．中国棉农棉花播种面积决策的经济学分析［J］．中国农村经济，2008（6）：39－45.

［179］钟甫宁，向晶．我国农村人口年龄结构的地区比较及政策涵义——基于江苏、安徽、河南、湖南和四川的调查［J］．现代经济探讨，2013（3）：5－10.

［180］周晶，陈玉萍，阮冬燕．地形条件对农业机械化发展区域不平衡的影响——基于湖北省县级面板数据的实证分析［J］．中国农村经济，2013（9）：63－77.

［181］周晶，丁士军．1991～2011年湖北农业机械化发展时空分异研究［J］．经济地理，2013，33（8）：109－115.

［182］周晶，陈玉萍，阮冬燕．地形条件对农业机械化发展区域不平衡的影响——基于湖北省县级面板数据的实证分析［J］．中国农村经济，2013（9）：63－77.

［183］朱建军，郭霞，常向阳．农地流转对土地生产率影响的对比分析

[J]．农业技术经济，2011（4）：78－84.

[184] 朱建军，胡继连．农地流转对我国农民收入分配的影响研究——基于中国健康与养老追踪调查数据［J］．南京农业大学学报（社会科学版），2015（3）：75－83.

[185] 朱明芬．农民工家庭人口迁移模式及影响因素分析［J］．中国农村经济，2009（2）：67－76.

[186] 邹湘红，吴丹．人口流动对农村人口老龄化的影响研究——基于“五普”和“六普”数据分析［J］．人口学刊，2013，35（4）：70－79.

附　录

附录一：各地区粮食作物的生产中的要素投入份额及成本份额函数估计结果

附表1　不同区域的要素投入份额及其差异（%）

区域		劳动力费用份额	机械费用份额	化肥费用份额
黑龙江	水稻	73.60	14.50	11.90
	玉米	60.83	16.70	22.47
江苏	小麦	69.90	12.72	17.38
	水稻	70.02	11.51	18.47
	玉米	79.59	6.51	13.90
浙江	水稻	77.01	13.69	9.30
江西	水稻	57.19	19.20	23.61
山东	小麦	51.87	18.23	29.90
	水稻	72.87	6.90	20.23
	玉米	69.32	10.53	20.15
湖北	小麦	67.11	15.05	17.84
	水稻	55.78	20.99	23.23
	玉米	65.54	16.03	18.43
四川	小麦	57.43	20.22	22.35
	水稻	50.78	17.74	31.48
	玉米	52.96	12.48	34.56

续表

区域		劳动力费用份额	机械费用份额	化肥费用份额
甘肃	小麦	66.88	14.30	18.82
	玉米	61.90	14.28	23.82

资料来源：笔者根据农村固定观察点数据统计整理。

附表 2　各地区小麦生产成本份额函数的估计结果

	劳动成本份额	机械成本份额	化肥成本份额
江苏			
劳动力价格	-0.238*** (3.13)	0.010 (0.63)	0.228*** (3.12)
机械价格	0.010 (0.63)	-0.060*** (7.3)	0.050*** (5.18)
化肥价格	-0.056** (2.18)	0.018 (1.32)	0.038*** (2.39)
小麦单产	0.284*** (9.5)	-0.144*** (9.14)	-0.140*** (7.57)
常数项	-0.020 (0.06)	1.171*** (10.71)	-0.151 (0.46)
R^2	0.2180	0.2894	/
山东			
劳动力价格	-0.377 (1.39)	0.213* (1.81)	0.163 (0.74)
机械价格	0.213* (1.81)	-0.038 (0.49)	-0.175* (1.78)
化肥价格	0.025 (0.46)	-0.019 (0.67)	-0.006 (0.15)
小麦单产	-0.111 (0.86)	-0.048 (0.72)	0.159* (1.65)
常数项	2.29* (1.70)	-0.429 (0.69)	-0.862 (0.72)
R^2	0.1033	0.1406	/
湖北			
劳动力价格	0.090 (0.67)	-0.007 (0.19)	-0.098 (0.85)
机械价格	-0.007 (0.19)	-0.008 (0.4)	0.000 (0.01)
化肥价格	-0.138*** (3.9)	0.036*** (2.57)	0.102*** (3.27)
小麦单产	0.023 (0.62)	0.063*** (4.49)	-0.086** (2.55)
常数项	0.194 (0.34)	-0.215 (1.26)	1.021* (1.89)
R^2	0.0737	0.1529	/
四川			
劳动力价格	-0.119*** (2.8)	-0.003 (0.14)	0.122*** (3.67)
机械价格	-0.003 (0.14)	-0.153*** (4.4)	0.156*** (3.85)
化肥价格	0.068 (1.34)	-0.121*** (4.23)	0.054 (1.44)

续表

	劳动成本份额	机械成本份额	化肥成本份额
		四川	
小麦单产	0.033（1.08）	-0.043**（2.44）	0.009（0.41）
常数项	0.863***（4.23）	1.207***（6.29）	-1.070***（4.19）
R^2	0.0554	0.3612	/
		甘肃	
劳动力价格	0.001（0.05）	-0.023**（2.05）	0.022（1.17）
机械价格	-0.023**（2.05）	0.044***（4.94）	-0.020*（1.82）
化肥价格	-0.268***（13.42）	0.148***（11.29）	0.120***（8.82）
小麦单产	-0.049***（3.01）	0.012（1.11）	0.037***（3.32）
常数项	1.193***（11.34）	-0.108（1.55）	-0.085（0.81）
R^2	0.4684	0.3819	/

注：*、**和***分别表示在10%、5%和1%的水平上显著；括号内为估计系数t统计量的绝对值。化肥成本份额函数的系数根据齐次性约束条件计算所得，故没有汇报R^2。

附表3　各地区水稻生产成本份额函数的估计结果

	劳动成本份额	机械成本份额	化肥成本份额
		黑龙江	
劳动力价格	-0.174**（2.38）	0.047（1.6）	0.127**（2.00）
机械价格	0.047（1.6）	0.007（0.35）	-0.054***（2.83）
化肥价格	-0.258***（3.38）	0.093*（1.79）	0.165***（3.36）
水稻单产	-0.700***（7.5）	0.484***（7.82）	0.217***（3.46）
常数项	6.034***（10.67）	-3.300***（8.64）	-1.814***（4.76）
R^2	0.4232	0.3935	/
		江苏	
劳动力价格	0.073***（5.81）	0.054***（8.83）	-0.019**（2.07）
机械价格	0.054***（8.83）	0.020***（4.07）	0.034***（6.08）
化肥价格	-0.029（0.95）	0.003（0.19）	0.026（1.21）
水稻单产	-0.034（1.43）	-0.006（0.46）	0.040**（2.41）
常数项	0.851***（4.91）	0.304***（3.46）	-0.155（1.25）
R^2	0.2252	0.1627	/

续表

	劳动成本份额	机械成本份额	化肥成本份额
浙江			
劳动力价格	0.199*** (5.46)	-0.049*** (2.89)	-0.150*** (4.13)
机械价格	-0.049*** (2.89)	0.100*** (8.26)	-0.051*** (2.94)
化肥价格	-0.077*** (4.34)	0.002 (0.15)	0.075*** (5.58)
水稻单产	-0.067*** (4.01)	0.034*** (3.3)	0.034*** (2.64)
常数项	0.342* (1.79)	-0.231** (2.34)	0.890*** (4.15)
R^2	0.0990	0.0965	/
江西			
劳动力价格	-0.055 (1.54)	0.041** (2.46)	0.014 (0.44)
机械价格	0.041** (2.46)	-0.017 (1.51)	-0.024* (1.75)
化肥价格	-0.005 (0.15)	-0.046** (2.53)	0.051** (2.48)
水稻单产	-0.179*** (6.34)	0.075*** (4.48)	0.104*** (5.56)
常数项	1.718*** (7.89)	-0.330*** (2.74)	-0.388** (1.97)
R^2	0.1131	0.0936	/
山东			
劳动力价格	-0.222 (1.17)	0.061** (1.97)	0.162 (0.91)
机械价格	0.061** (1.97)	0.013 (1.39)	-0.074*** (2.71)
化肥价格	0.132*** (2.69)	-0.034** (2.48)	-0.098** (2.20)
水稻单产	0.198*** (3.37)	-0.077 (4.86)	-0.121** (2.31)
常数项	0.305 (0.33)	0.202 (1.25)	0.493 (0.54)
R^2	0.1910	0.4766	/
湖北			
劳动力价格	-0.147*** (3.46)	-0.007 (0.33)	0.140*** (3.97)
机械价格	-0.007 (0.33)	0.125*** (6.97)	-0.133*** (7.07)
化肥价格	-0.053** (2.28)	0.073*** (4.78)	-0.020 (1.00)
水稻单产	-0.073*** (3.49)	0.082*** (5.99)	-0.009 (0.49)
常数项	1.714*** (8.54)	-0.991*** (8.32)	0.277 (1.40)
R^2	0.1187	0.3066	/

续表

	劳动成本份额	机械成本份额	化肥成本份额
四川			
劳动力价格	0.542*** (5.59)	-0.112*** (4.21)	-0.430*** (4.30)
机械价格	-0.112*** (4.21)	-0.057*** (4.23)	0.168*** (5.39)
化肥价格	-0.078** (1.97)	0.046*** (3.71)	0.032 (0.85)
水稻单产	-0.159** (2.2)	0.063*** (2.74)	0.096 (1.41)
常数项	-0.057 (0.1)	0.477*** (2.6)	0.579 (1.00)
R^2	0.1399	0.1249	/

注：*、**和***分别表示在10%、5%和1%的水平上显著；括号内为估计系数t统计量的绝对值。化肥成本份额函数的系数根据齐次性约束条件计算所得，故没有汇报R^2。

附表4 各地区玉米生产成本份额函数的估计结果

	劳动成本份额	机械成本份额	化肥成本份额
黑龙江			
劳动力价格	-0.232*** (7.51)	0.164*** (9.05)	0.068*** (3.91)
机械价格	0.164*** (9.05)	-0.078*** (4.86)	-0.086*** (5.03)
化肥价格	-0.002 (0.05)	-0.014 (0.6)	0.016 (0.77)
玉米单产	0.236*** (8.21)	-0.163*** (9.59)	-0.073*** (4.90)
常数项	-0.218 (1.13)	0.612*** (4.82)	0.606*** (4.56)
R^2	0.1964	0.1150	/
江苏			
劳动力价格	-0.028 (1.32)	0.030*** (4.29)	-0.002 (0.13)
机械价格	0.030*** (4.29)	-0.036 (1.62)	0.006 (0.26)
化肥价格	0.054 (1.29)	0.053*** (3.65)	-0.107*** (3.21)
玉米单产	0.041** (2.11)	-0.009 (1.42)	-0.032** (2.09)
常数项	0.515*** (3.61)	0.065 (0.64)	0.420*** (2.88)
R^2	0.0304	0.0985	/
山东			
劳动力价格	0.033 (1.49)	0.001 (0.06)	-0.034* (1.74)
机械价格	0.001 (0.06)	-0.051*** (6.91)	0.050*** (4.88)

续表

	劳动成本份额	机械成本份额	化肥成本份额
		山东	
化肥价格	-0.047*** (2.86)	0.018* (1.94)	0.029*** (2.64)
玉米单产	-0.035** (2.49)	0.003 (0.42)	0.032*** (3.32)
常数项	0.814*** (6.2)	0.256*** (3.72)	-0.070 (0.56)
R^2	0.0280	0.0543	/
		湖北	
劳动力价格	-0.029 (0.94)	-0.037*** (2.56)	0.066** (2.49)
机械价格	-0.037*** (2.56)	0.102*** (9.3)	-0.065*** (5.32)
化肥价格	-0.068*** (3.43)	-0.015 (1.15)	0.082*** (5.53)
玉米单产	-0.097*** (5.91)	0.021* (1.95)	0.076*** (6.23)
常数项	1.572*** (10.74)	-0.260*** (3.16)	-0.311** (2.16)
R^2	0.1780	0.2498	/
		四川	
劳动力价格	0.039 (0.56)	-0.009 (0.44)	-0.030 (0.49)
机械价格	-0.009 (0.44)	0.043*** (2.98)	-0.035*** (2.64)
化肥价格	-0.022 (0.51)	-0.048*** (5.17)	0.070* (1.78)
玉米单产	0.068 (1.44)	-0.003 (0.32)	-0.065 (1.47)
常数项	0.118* (1.70)	0.202** (2.46)	0.680*** (2.72)
R^2	0.0038	0.1017	/
		甘肃	
劳动力价格	0.079*** (3.43)	-0.107*** (8.11)	0.028 (1.39)
机械价格	-0.107*** (8.11)	0.063*** (4.58)	0.044*** (2.84)
化肥价格	-0.133*** (7.14)	0.055*** (4.3)	0.078*** (4.70)
玉米单产	-0.125*** (8.85)	0.025*** (2.67)	0.100*** (8.27)
常数项	1.660*** (15.17)	0.077 (0.92)	-0.736*** (6.04)
R^2	0.4201	0.2611	/

注：*、**和***分别表示在10%、5%和1%的水平上显著；括号内为估计系数t统计量的绝对值。化肥成本份额函数的系数根据齐次性约束条件计算所得，故没有汇报R^2。

附录二：IFPRI 在农村固定观察点上开展的补充调查问卷

（由于问卷涉及的内容较多，本部分仅披露本研究所使用的相关变量）

C. 土地调整、征用和流转［说明：问卷中所有面积单位均为标准亩(1 亩 = 666.7 平方米)，若为其他单位（如老亩），请换算为标准亩］。

C7 自成为观察户以来，你家共租入过几次土地？(如填 0，转至 C8)。

C7.1 自成为观察户以来，承包田租入情况（说明：请填写租入最早一次和最近发生的 5 次）。

	最早 1 次	最近 第 1 次	最近 第 2 次	最近 第 3 次	最近 第 4 次	最近 第 5 次
合同起始年月（如 2006.01）						
合同终止年月（如 2008.01）						
合同方式（1 = 口头；2 = 书面）						
租入面积（亩）						
土地在什么地方？(1 = 本组；2 = 本村外组；3 = 本乡外村；4 = 外县）						
从谁那里租入？（1 = 农户；2 = 合作社；3 = 企业；4 = 村集体；5 = 其他，请说明）						
如从农户租入，和他家的关系？(1 = 父母兄弟姐妹；2 = 近亲；3 = 远亲；4 = 朋友；5 = 其他）						
如支付现金，a）合同起始年租金（元/亩/年）						
b）合同终止年租金（元/亩/年；若合同终止年超过 2014 年，则填写 2014 年租金）						
如支付实物，a）支付何种实物？(代码 1)						

续表

	最早 1次	最近 第1次	最近 第2次	最近 第3次	最近 第4次	最近 第5次
b）支付实物数量（斤/亩/年）						
租金几年一调整？（年）						
每次调整的额度是多少？（元或斤，如未确定，填999）						
租金支付方式（1=合同期一次付清；2=一年一付；3=分几次付清；4=其他，请说明）						
合约从第一次谈到最后谈成，a）谈了几次？（次）						
b）累计谈了多少小时？（小时）						
c）从开始谈到谈成，时间跨度有多长？（天）						
把地租给你的人是否可以随时要回土地？（1=是；2=否）						
流转合约是否经过村集体、乡镇政府或其他部门登记备案？（1=是；2=否）						
租入前，主要种的作物（可多选，代码2）						
租入后，主要种的作物（可多选，代码2）						
租入土地主要原因（代码3）						
是否通过土地流转服务中介或机构流转？（1=是；2=否）						
在取消农业税之前，你家是否负担租入地块上的农业税和上交款？（代码4）						
是否获得租入地块上的粮食直补款和农资综合补贴？（1=是；2=否）						

注：代码1，支付何种实物：1=小麦；2=玉米；3=水稻；4=大豆；5=薯类；6=其他，请说明。

代码2，种植作物：1=小麦；2=玉米；3=水稻；4=大豆；5=薯类；6=其他粮食作物；7=经济作物（包括蔬菜）；8=园地作物（包括果树）；9=森林；10=其他类作物；11=抛荒；12=其他，请说明。

代码3，租入土地主要原因：1=扩大经营规模；2=满足自家粮食需要；3=帮助亲朋好友；4=其他，请说明。

C8 自成为观察户以来，你家共租出过几次土地？（如填0，转至C9）

C8.1 自成为观察户以来，承包田租出情况（说明：请填写租出最早一次和最近发生的5次）。

	最早1次	最近第1次	最近第2次	最近第3次	最近第4次	最近第5次
合同起始年月（如2006.01）						
合同终止年月（如2008.01）						
合同方式（1＝口头；2＝书面）						
租出面积（亩）						
土地在什么地方？（1＝本组；2＝本村外组；3＝本乡外村；4＝外县）						
租给谁？（1＝农户；2＝合作社；3＝企业；4＝村集体；5＝其他，请说明）						
如租给农户，和他家的关系？（1＝父母兄弟姐妹；2＝近亲；3＝远亲；4＝朋友；5＝其他）						
如支付现金，a）合同起始年租金（元/亩/年）						
b）合同终止年租金（元/亩/年；若合同终止年超过2014年，则填写2014年租金）						
如支付实物，a）支付何种实物？（代码1）						
b）支付实物数量（斤/亩/年）						
租金几年一调整？（年）						
每次调整的额度是多少？（元或斤，如未确定，填999）						
租金支付方式（1＝合同期一次付清；2＝一年一付；3＝分几次付清；4＝其他，请说明）						
合约从第一次谈到最后谈成，a）谈了几次？（次）						
b）累计谈了多少小时？（小时）						
c）从开始谈到谈成，时间跨度有多长？（天）						
租出去的土地，你家是否可以随时要回？（1＝是；2＝否）						

续表

	最早1次	最近第1次	最近第2次	最近第3次	最近第4次	最近第5次
合同是否经过村集体、乡镇政府或其他部门登记备案？（1＝是；2＝否）						
租出前，主要种的作物（可多选，代码2）						
租出后，主要种的作物（可多选，代码2）						
租出土地主要原因（1＝自家劳动力不足；2＝劳力外出；3＝种地不划算；4＝其他，请说明）						
是否通过土地流转服务中介或机构流转？（1＝是；2＝否）						
在取消农业税之前，你家是否负担租出地块上的农业税和上交款？（代码4）						
是否获得租出地块上的粮食直补款和农资综合补贴？（1＝是；2＝否）						

注：代码1，支付何种实物：1＝小麦；2＝玉米；3＝水稻；4＝大豆；5＝薯类；6＝其他，请说明。

代码2，种植作物：1＝小麦；2＝玉米；3＝水稻；4＝大豆；5＝薯类；6＝其他粮食作物；7＝经济作物（包括蔬菜）；8＝园地作物（包括果树）；9＝森林；10＝其他类作物；11＝抛荒；12＝其他，请说明。

D. 粮食生产与农机畜、劳动力投入

D1. 在2013年种植小麦的最大地块是（说明：①填地块编码，见表C10.2；②如果没有种植小麦，转至D4）。

D2. 在此地块上，2013年小麦各生产环节的农机畜投入（说明：①运输指从田头运到自家仓库或晾晒场；②晾晒的工作量是针对这个地块上的小麦产出）。

	耕田整地	播种	打药	灌溉	收割	脱粒	运输	晾晒
使用何种农机畜（代码1）								

续表

	耕田整地	播种	打药	灌溉	收割	脱粒	运输	晾晒
农机畜的来源（代码2）								
如使用机器：								
a）机器的马力（马）								
b）多长时间完成此环节？（小时）								
如需付费：								
a）费用结算方式（1＝按亩计；2＝按天计）								
b）费用金额（元/亩，元/天）								
c）谁提供（代码3）								
d）提供的人来自哪里？（代码4）								
如未使用付费的机器和服务，主要原因是（代码5）								

注：代码1，使用何种农机畜：1＝拖拉机；2＝役畜；3＝直播机/播种机；4＝插秧机；5＝抛秧机；6＝收割机；7＝脱粒机；8＝粉碎机；9＝排灌机（水泵）；10＝点播机；11＝卡车；12＝摩托车；13＝挑种机；14＝推土机；15＝烘干机；16＝其他，请说明。

代码2，农机畜来源：1＝外包（雇机器和操作手）；2＝自有；3＝租用机器，自己出工；4＝免费借用机器；5＝亲友免费帮忙（由亲友出机器并操作）；6＝其他，请说明。

代码3，谁提供付费的机器和服务：1＝农户；2＝农机站；3＝合作社；4＝农业机械租赁公司；5＝其他，请说明。

代码4，提供付费机器和服务的人来自哪里：1＝本村人；2＝本县外村人；3＝本省外县人；4＝外省人。

代码5，未使用付费机器和服务的原因：1＝价格太高；2＝本村没有人提供此生产环节的机器和服务；3＝靠劳动力可以完成农业生产；4＝靠自有小型机械可以完成农业生产；5＝自家购买了大型机械；6＝地势不平坦，机器进不了地；7＝其他，请说明。

D3. 在此地块上，2013年小麦各生产环节的投工量（说明：①投工量的计算：一个标准投工量是8小时；②晾晒的工作量是针对这个地块上的小麦产出）。

	耕田整地	施底肥＋播种	除草	打药	灌溉	追肥	收割	脱粒	运输	晾晒
自家劳动力投工量：										

续表

	耕田整地	施底肥+播种	除草	打药	灌溉	追肥	收割	脱粒	运输	晾晒
男性：40 岁及以下										
41~59 岁										
60 岁及以上										
女性：40 岁及以下										
41~54 岁										
55 岁及以上										
帮工和换工的投工量：男性										
女性										
雇工投工量：男性总投工量										
平均年龄										
女性总投工量										
平均年龄										

D4. 在 2013 年，种植水稻的最大地块是（说明：①填地块编码，见表 C10. 2；②如果没有种植水稻，转至 D7）。

D5. 在此地块上，2013 年水稻各生产环节的农机畜投入（说明：①如果种植两季稻，只计算晚稻的农技畜投入；②运输指从田头运到自家仓库或晾晒场；③晾晒的工作量是这个地块上的水稻产出）。

	耕田整地	播种	打药	灌溉	收割	脱粒	运输	晾晒
使用何种农机畜（代码 1）								
农机畜的来源（代码 2）								
如使用机器：								
a）机器的马力（马）								
b）多长时间完成此环节？（小时）								
如需付费：								
a）费用结算方式（1 = 按亩计；2 = 按天计）								
b）费用金额（元/亩，元/天）								

续表

	耕田整地	播种	打药	灌溉	收割	脱粒	运输	晾晒
c）谁提供（代码3）								
d）提供的人来自哪里？（代码4）								
如未使用付费的机器和服务，主要原因是（代码5）								

注：代码1，使用何种农机畜：1 = 拖拉机；2 = 役畜；3 = 直播机/播种机；4 = 插秧机；5 = 抛秧机；6 = 收割机；7 = 脱粒机；8 = 粉碎机；9 = 排灌机（水泵）；10 = 点播机；11 = 卡车；12 = 摩托车；13 = 挑种机；14 = 推土机；15 = 烘干机；16 = 其他，请说明。

代码2，农机畜来源：1 = 外包（雇机器和操作手）；2 = 自有；3 = 租用机器，自己出工；4 = 免费借用机器；5 = 亲友免费帮忙（由亲友出机器并操作）；6 = 其他，请说明。

代码3，谁提供付费的机器和服务：1 = 农户；2 = 农机站；3 = 合作社；4 = 农业机械租赁公司；5 = 其他，请说明。

代码4，提供付费机器和服务的人来自哪里：1 = 本村人；2 = 本县外村人；3 = 本省外县人；4 = 外省人。

代码5，未使用付费机器和服务的原因：1 = 价格太高；2 = 本村没有人提供此生产环节的机器和服务；3 = 靠劳动力可以完成农业生产；4 = 靠自有小型机械可以完成农业生产；5 = 自家购买了大型机械；6 = 地势不平坦，机器进不了地；7 = 其他，请说明。

D6. 在此地块上，2013 年水稻各生产环节的投工量（说明：①如果种植两季稻，只计算晚稻的劳动力投入；②投工量的计算：一个标准投工量是 8 小时；③晾晒的工作量是这个地块上的水稻产出）。

	育秧	耕田整地	施底肥 + 插秧	除草	打药	灌溉	追肥	收割	脱粒	运输	晾晒
自家劳动力投工量：											
男性：40 岁及以下											
41 ~ 59 岁											
60 岁及以上											
女性：40 岁及以下											

续表

	育秧	耕田整地	施底肥+插秧	除草	打药	灌溉	追肥	收割	脱粒	运输	晾晒
41~54岁											
55岁及以上											
帮工和换工的投工量：男性											
女性											
雇工投工量：男性总投工量											
平均年龄											
女性总投工量											
平均年龄											

D7. 在2013年，种植玉米的最大地块是（说明：①填地块编码，见表C10.2；②如果没有种植玉米，转至E）。

D8. 在此地块上，玉米各生产环节的农机畜投入（说明：①运输指从田头运到自家仓库或晾晒场；②晾晒的工作量是针对这个地块上的玉米产出）。

	耕田整地	播种	打药	灌溉	收割	脱粒	运输	晾晒
使用何种农机畜（代码1）								
农机畜的来源（代码2）								
如使用机器：								
a）机器的马力（马）								
b）多长时间完成此环节？（小时）								
如需付费：								
a）费用结算方式（1=按亩计；2=按天计）								
b）费用金额（元/亩，元/天）								
c）谁提供（代码3）								
d）提供的人来自哪里？（代码4）								

续表

	耕田整地	播种	打药	灌溉	收割	脱粒	运输	晾晒
如未使用付费的机器和服务，主要原因是（代码5）								

注：代码1，使用何种农机畜：1 = 拖拉机；2 = 役畜；3 = 直播机/播种机；4 = 插秧机；5 = 抛秧机；6 = 收割机；7 = 脱粒机；8 = 粉碎机；9 = 排灌机（水泵）；10 = 点播机；11 = 卡车；12 = 摩托车；13 = 挑种机；14 = 推土机；15 = 烘干机；16 = 其他，请说明。

代码2，农机畜来源：1 = 外包（雇机器和操作手）；2 = 自有；3 = 租用机器，自己出工；4 = 免费借用机器；5 = 亲友免费帮忙（由亲友出机器并操作）；6 = 其他，请说明。

代码3，谁提供付费的机器和服务：1 = 农户；2 = 农机站；3 = 合作社；4 = 农业机械租赁公司；5 = 其他，请说明。

代码4，提供付费机器和服务的人来自哪里：1 = 本村人；2 = 本县外村人；3 = 本省外县人；4 = 外省人。

代码5，未使用付费机器和服务的原因：1 = 价格太高；2 = 本村没有人提供此生产环节的机器和服务；3 = 靠劳动力可以完成农业生产；4 = 靠自有小型机械可以完成农业生产；5 = 自家购买了大型机械；6 = 地势不平坦，机器进不了地；7 = 其他，请说明。

D9. 在此地块上，玉米各生产环节的投工量（说明：①投工量的计算：一个标准投工量是8小时；②晾晒的工作量是这个地块上的玉米产出）。

	耕田整地	施底肥 + 播种	除草	打药	灌溉	追肥	收割	脱粒	运输	晾晒
自家劳动力投工量：										
男性：40岁及以下										
41 ~ 59岁										
60岁及以上										
女性：40岁及以下										
41 ~ 54岁										
55岁及以上										
帮工和换工的投工量：男性										

续表

	耕田整地	施底肥+播种	除草	打药	灌溉	追肥	收割	脱粒	运输	晾晒
帮工和换工的投工量：女性										
雇工投工量：男性总投工量										
平均年龄										
女性总投工量										
平均年龄										